수리논술과 인문논술
패턴훈련

문지효 박사(Ph.D)

SSCI, SCOPUS 등 영문논문과 KCI 등재지 등 국문논문을 다수 게재해온 논문논술전문가

예비 고 등 학 생 을   위 한

수리논술과 인문논술 패턴훈련

문지효 지음

선행학습이 가능한 영재 초등생

대입논술을 미리 준비하고 싶은 중학생

대입논술을 반드시 준비해야 하는 예비 고등학생

좋은땅

이 책을 이렇게 활용해 보자

이 책은 한 번 읽고 덮어 두기 위한 책이 아닙니다.

천천히 읽고, 직접 써 보고, 다시 생각해 보며 사고력을 키워 가는 과정 속에서 진짜 가치가 드러납니다.

논술은 지식을 외워서 해결되는 영역이 아니라, 생각을 정리하는 습관을 통해 성장하는 영역이기 때문입니다. 그래서 이 책은 빠르게 읽기보다, 한 장씩 멈추어 생각해 보는 방식으로 활용할 때 가장 큰 효과를 얻을 수 있습니다.

먼저, 천천히 읽어 보세요

처음부터 완벽히 이해하려고 애쓰기보다, 부담 없이 읽어 내려가 보세요. 글의 흐름을 따라가다 보면 논술이 어려운 이유와, 생각을 정리하는 방법이 자연스럽게 보이기 시작합니다.

읽다가 마음에 남는 문장이나 공감되는 부분이 있다면 표시해 두는 것도 좋습니다. 그 문장들은 이후 글을 쓸 때 좋은 기준이 됩니다.

한 장을 읽었다면, 직접 써 보세요

논술은 읽는 것만으로 실력이 늘지 않습니다. 한 장을 읽은 뒤, 제시된 주제나 질문을 가지고 짧게라도 글을 써 보세요.

처음에는 길게 쓰려 하지 않아도 괜찮습니다.

자신의 생각을 한 문단으로 정리하는 것부터 시작해 보세요.

중요한 것은 완성도가 아니라, 생각을 꺼내어 정리하는 경험입니다.

체크리스트로 스스로 점검해 보세요

글을 쓴 뒤에는 다음 질문을 스스로에게 던져 보세요.

나는 내 입장을 분명히 밝혔는가.

왜 그렇게 생각하는지 설명했는가.

구체적인 예를 제시했는가.

다른 관점도 생각해 보았는가.

마지막으로 생각을 정리했는가.

이 질문에 답하는 과정이 바로 사고력을 키우는 훈련입니다.

틀리기보다 '다시 써 보기'를 연습해 보세요

많은 학생들이 한 번 쓴 글을 끝이라고 생각합니다. 그러나 글은 다시 써 보는 과정에서 눈에 띄게 좋아집니다.

처음 글에서는 생각이 흩어져 있을 수 있습니다.

두 번째 글에서는 구조가 보이기 시작합니다.

세 번째 글에서는 표현이 또렷해집니다.

이 과정을 반복하다 보면, 어느 순간 생각이 자연스럽게 정리되는 경험을 하게 됩니다.

일상 속 주제로 연습해 보세요

논술 연습은 거창한 주제로만 해야 하는 것이 아닙니다. 오히려 일상 속 주제에서 시작하는 것이 더 효과적입니다.

스마트폰 사용 시간은 줄여야 할까.

경쟁은 우리를 성장시키는가.

친구 관계에서 중요한 것은 무엇일까.

이처럼 자신의 경험과 연결된 질문은 생각을 더 깊이 끌어냅니다.

토론과 대화를 통해 생각을 확장해 보세요

혼자 글을 쓰는 것도 중요하지만, 다른 사람과 생각을 나누는 과정은 사고를 더욱 깊게 만듭니다.

가족과 식탁에서, 친구와 대화 중에, 혹은 수업 시간에 주제에 대해 이야기해 보세요. 서로 다른 의견을 듣는 순간, 생각의 폭이 넓어지는 경험을 하게 됩니다.

논술은 혼자 완성되는 것이 아니라, 대화를 통해 더욱 단단해집니다.

부모님과 함께 읽어도 좋습니다

이 책은 학생만을 위한 책이 아니라, 아이의 사고력 성장을 돕고 싶은 부모에게도 의미 있는 길잡이가 될 수 있습니다.

아이의 글을 평가하기보다, "왜 그렇게 생각했니?"라고 질문해 보세요.

정답을 알려 주기보다, 생각을 설명하도록 도와주는 것이 더 큰 도움이 됩니다.

사고력은 설명하는 과정에서 자랍니다.

천천히, 그러나 꾸준히

논술 실력은 단기간에 완성되지 않습니다. 그러나 꾸준히 생각을 정리하는 습관을 기르면, 변화는 분명히 나타납니다.

처음에는 문장이 어색할 수 있습니다.

하지만 생각을 정리하는 연습이 쌓이면, 표현은 자연스럽게 따라옵니다.

조금 느려도 괜찮습니다.

중요한 것은 멈추지 않는 것입니다.

이 책을 덮은 뒤, 당신에게 남기를 바랍니다

자신의 생각을 스스로 정리하는 힘,

이유를 설명할 수 있는 논리력,

그리고 당당하게 말할 수 있는 자신감.

논술은 시험을 위한 기술이 아니라, 평생을 살아가는 데 필요한 사고의 도구입니다.

이 책이 당신에게 그 첫걸음이 되기를 바랍니다.

차례

제1장

셀프 체크리스트 및 채점 구조

셀프 체크리스트가 필요한 이유는, 글을 쓰거나 말을 준비할 때 내가 놓친 부분을 스스로 점검할 수 있게 해 주기 때문이다. 많은 학생들이 글을 다 쓴 뒤에도 무엇이 부족한지 막연하게 느끼지만, 구체적으로 어디를 고쳐야 하는지는 잘 모르는 경우가 많다. 이때 체크리스트는 막연한 불안을 줄이고, 확인해야 할 기준을 눈앞에 분명하게 보여 준다. 문제를 제대로 이해했는지, 구조가 갖추어졌는지, 근거가 충분한지, 문장이 명확한지 하나씩 살펴보는 과정만으로도 글의 완성도는 훨씬 높아질 수 있다.

또한 셀프 체크리스트는 단순히 실수를 찾는 도구가 아니라, 스스로 생각하고 고쳐 보는 힘을 길러 주는 훈련이기도 하다. 누군가가 늘 옆에서 첨삭해 줄 수는 없지만, 체크리스트가 있으면 학생은 자신의 답안을 객관적으로 바라보는 습관을 기를 수 있다. 결국 잘 쓰는 학생은 처음부터 완벽하게 쓰는 학생이 아니라, 쓴 뒤에 무엇을 점검하고 어떻게 고쳐야 하는지를 아는 학생이다. 그런 점에서 셀프 체크리스트는 연습을 실력으로 바꾸고, 실력을 자신감으로 이어 주는 중요한 도구라고 할 수 있다.

학생용 논술 자기점검 체크리스트 사용 방법

- 글을 다 쓴 뒤 체크하기
- 1개라도 'X'면 수정하기
- 모두 'O'면 OK. 다음으로 넘어가기

문제 이해 점검

☐ 질문에서 요구한 내용을 모두 답했는가?

☐ 문제의 핵심 주제를 정확히 파악했는가?

☐ 질문이 여러 개인 경우 빠뜨린 것은 없는가?

   - 하나라도 빠지면 감점

내 주장 점검

☐ 내 의견이 분명하게 드러나는가?

☐ 글을 읽으면 내가 무엇을 말하고 싶은지 알 수 있는가?

☐ 주장과 내용이 일치하는가?

   - 주장 없는 글 = 점수 하락

이유와 설명 점검

☐ "왜 그런가?"에 대한 설명이 있는가?

☐ 내 생각을 뒷받침하는 이유를 제시했는가?

☐ 설명이 충분히 구체적인가?

　　- 이유 없는 글 = 설득력 부족

근거와 예시 점검

☐ 사례나 예시를 제시했는가?

☐ 현실과 연결되는 설명이 있는가?

☐ 단순 의견만 쓰지 않았는가?

　　- 예시는 점수를 올리는 가장 쉬운 방법

사고 확장 점검

☐ 다른 관점이나 반대 의견을 생각해 보았는가?

☐ 문제의 원인이나 영향을 설명했는가?

☐ 한 단계 더 깊이 생각했는가?

　　- 상위권 답안의 핵심

글 구조 점검

☐ 도입 → 설명 → 정리 구조인가?

☐ 문단 흐름이 자연스러운가?

☐ 결론에서 글을 정리했는가?

　　- 구조가 보이면 점수가 올라감

문장 표현 점검

□ 문장이 자연스럽고 읽기 쉬운가?

□ 너무 짧은 문장만 쓰지 않았는가?

□ 같은 말을 반복하지 않았는가?

□ 맞춤법 오류는 없는가?

　　- 표현력은 감점 요소를 줄이는 단계

수리논술 추가 점검

□ 계산 과정 설명을 했는가?

□ 답이 아니라 이유를 설명했는가?

□ 왜 사람들이 오해하는지 설명했는가?

□ 실생활과 연결했는가?

인문논술 추가 점검

□ 장점과 단점을 함께 생각했는가?

□ 사회적 의미를 설명했는가?

□ 해결 방안을 제시했는가?

□ 내 생각을 분명히 밝혔는가?

제출 전 최종 점검

질문 모두 답했는가? — 그렇다면?

- 주장 + 이유 + 예시가 있는가?
- 글 구조가 보이는가?
- 한 단계 더 깊이 생각했는가?
- 3개 모두 YES → 높은 점수 가능! 제출 전 항상 최종 점검하는 습관을 들이자.

연습할 때는 고치고 다시 써 볼 기회가 있다. **그러나 실전에서는 한번 내보낸 문장을 다시 되돌릴 수 없다.** 그러므로 이 책으로 훈련하는 동안에는 마음껏 고치고, 충분히 다듬으며, 자기 문장을 단단하게 만들어 보자.

논술 채점 구조는 단순히 글을 길게 썼는지를 보는 것이 아니라, 문제를 제대로 이해했는지, 글의 짜임이 갖추어졌는지, 자신의 생각을 논리적으로 펼쳤는지, 그리고 그것을 읽는 사람이 쉽게 이해할 수 있도록 표현했는지를 종합적으로 평가하는 방식으로 구성하는 것이 바람직하다. 즉, 채점은 글의 분량보다 내용의 정확성, 구조의 안정성, 사고의 깊이, 표현의 명확성을 함께 살피는 방향으로 이루어져야 한다. 평가 영역 및 점수는 다음과 같이 구성하였다.

평가 영역	점수
이해력	5
논리성	5
근거 제시	5
사고 확장	5
표현력	5
구조 완성도	5
총점	30점

이해력(문제 이해 및 핵심 파악) → 질문에서 요구한 내용을 모두 답했는가?

이해력은 문제에서 무엇을 묻고 있는지 정확하게 파악하고, 질문이 요구하는 내용을 빠짐없이 담아 답하고 있는지를 살펴보는 기준이다. 글을 잘 쓰고 표현이 좋아도, 정작 문제의 핵심을 놓치거나 일부만 답했다면 좋은 답변이라고 보기 어렵다. 따라서 이해력은 질문의 뜻을 정확히 이해하고, 핵심 내용을 놓치지 않으며, 요구된 사항에 맞게 답을 구성했는지를 평가하는 요소라고 할 수 있다.

점수	기준
5	문제 요구를 정확히 이해하고 핵심 쟁점을 모두 반영
4	핵심 요구 이해
3	부분적 이해
2	요구 일부 누락
1	문제 이해 부족

논리성(생각의 흐름과 일관성) → 왜 그런지 설명이 이어지는가?

논리성은 글이나 말 속에서 생각의 흐름이 자연스럽고 일관되게 이어지는지를 살펴보는 기준이다. 하나의 주장이나 의견이 제시되었을 때, 그 뒤에 왜 그런 생각에 이르렀는지어 대한 설명이 차례로 연결되어야 읽는 사람도 내용을 쉽게 따라갈 수 있다. 앞의 내용과 뒤의 내용이 서로 어긋나지 않고, 이유와 설명이 질서 있게 이어질 때 글은 더욱 설득력 있고 안정감 있게 전달된다.

점수	기준
5	주장 → 이유 → 설명이 자연스럽게 연결됨
4	대체로 논리적
3	연결이 다소 약함
2	논리 점프 존재
1	일관성 없음

근거 제시(설명과 설득력) → "왜?"에 대한 답이 있는가?

근거 제시는 자신의 생각이나 주장을 뒷받침할 만한 이유와 설명이 충분히 제시되었는지를 살펴보는 기준이다. 글이나 말에서 어떤 의견을 제시했더라도, 그것이 왜 타당한지에 대한 설명이 없다면 읽는 사람이나 듣는 사람을 설득하기 어렵다. 따라서 근거 제시는 주장에 맞는 이유, 사례, 설명, 또는 논리를 통해 "왜 그렇게 생각하는가"에 대한 답이 분명하게 드러나는지를 평가하는 요소라고 할 수 있다.

점수	기준
5	구체적 근거 · 사례 제시
4	근거 제시
3	일반적 설명
2	근거 부족
1	주장만 있음

사고 확장(깊이 · 비판적 사고) → 한 단계 더 깊이 생각했는가?

사고 확장은 글이나 말이 단순한 사실의 나열에 그치지 않고, 한 단계 더 깊이 들어가 생각을 넓히고 있는지를 살펴보는 기준이다. 주어진 내용이 왜 그런지, 그 의미는 무엇인지, 다른 관점에서는 어떻게 볼 수 있는지까지 고민할 때 사고의 깊이가 드러난다. 따라서 사고 확장은 겉으로 드러난 내용을 그대로 받아들이는 데서 멈추지 않고, 스스로 질문을 던지며 더 넓고 깊은 이해로 나아가는지를 평가하는 요소라고 할 수 있다.

점수	기준
5	다양한 관점 · 원인 · 영향 분석

4	한 단계 확장
3	기본 설명 수준
2	단순 의견
1	생각 확장 없음

표현력(문장 명확성 및 어휘 사용) → 읽는 사람이 쉽게 이해할 수 있는가?

표현력은 문장이 얼마나 명확하고 자연스럽게 전달되는지, 그리고 어휘가 내용과 상황에 맞게 적절하게 사용되었는지를 살펴보는 기준이다. 즉, 글을 읽는 사람이 문장의 뜻을 어렵지 않게 이해할 수 있는지, 불필요하게 모호하거나 복잡한 표현 없이 생각이 분명하게 전달되는지를 평가하는 요소라고 할 수 있다.

점수	기준
5	명확하고 자연스러운 문장
4	이해하기 쉬움
3	전달 가능
2	어색한 표현
1	의미 전달 어려움

구조 완성도(글의 구성) → 글이 시작-전개-정리 구조를 갖추었는가?

구조 완성도는 글이 시작, 전개, 정리의 흐름을 갖추고 있는지를 살펴보는 기준이다. 글의 처음에서는 주제나 중심 생각이 자연스럽게 제시되고, 전개 부분에서는 그 생각을 뒷받침하는 설명이나 근거가 이어지며, 마지막에서는 앞의 내용을 정리하면서 글을 마무리해야 한다. 이처럼 글의 각 부분이 제 역할을 하며 유기적으로 연결될 때, 읽는 사람도 글의 흐름을 쉽게 따라갈 수 있다.

점수	기준
5	도입-전개-정리 구조 명확
4	구조 존재
3	일부 구조 미흡
2	흐름 불안정
1	구조 없음

　최종 점수와 등급은 현재 나의 위치를 가늠해 볼 수 있는 하나의 기준이 될 수는 있다. 하지만 그 결과만으로 스스로를 지나치게 높이 평가하며 자만할 필요도 없고, 반대로 기대에 미치지 못했다고 해서 쉽게 좌절할 필요도 없다. 점수와 등급은 지금까지의 과정을 잠시 보여 주는 숫자일 뿐, 앞으로의 노력과 성장 가능성까지 모두 결정하는 것은 아니다. 중요한 것은 결과에 일희일비하기보다 부족한 점은 차분히 돌아보고, 잘한 부분은 스스로 인정하면서 다음 단계로 나아갈 힘을 얻는 것이다.

점수	수준
27~30	최상위 사고력
23~26	우수
19~22	보통 이상
15~18	보온- 필요
~14	기초 부족

다음의 문장 패턴 훈련을 충분히 거치면 더 좋은 답안을 작성할 수 있다.

I. 주장 제시 패턴

이 문제는 단순히 ___의 문제가 아니라 ___의 관점에서 이해할 필요가 있다.

나는 ___가 중요하다고 생각한다.

___는 우리 생활에 중요한 영향을 미친다.

이 현상을 이해하기 위해서는 ___을 먼저 살펴볼 필요가 있다.

___에 대한 논의는 오래전부터 이어져 왔다.

이 문제의 핵심은 ___에 있다고 볼 수 있다.

___는 개인뿐 아니라 사회 전체와도 관련된다.

이 주제는 우리에게 중요한 질문을 던진다.

___는 단순한 선택의 문제가 아니다.

나는 ___라는 입장에서 이 문제를 바라보고자 한다.

___는 겉보기보다 더 복잡한 문제이다.

이 문제를 이해하기 위해서는 ___을 고려해야 한다.

___는 다양한 관점에서 해석될 수 있다.

___는 현대 사회에서 더욱 중요해지고 있다.

우리는 ___에 대해 다시 생각해 볼 필요가 있다.

II. 이유 제시 패턴

그 이유는 다음과 같다.

가장 큰 이유는 ___ 때문이다.

이는 ___에서 그 근거를 찾을 수 있다.

이러한 생각은 ___을 통해 설명될 수 있다.

___라는 점에서 그 중요성이 드러난다.

이는 ___라는 사실에서도 확인된다.

___ 때문에 이러한 결과가 나타난다.

이와 같은 현상은 ___와 관련이 있다.

___라는 측면에서 볼 때 더욱 분명해진다.

___는 이러한 주장을 뒷받침한다.

___을 고려하면 그 이유를 이해할 수 있다.

이는 단순한 우연이 아니라 ___ 때문이다.

이러한 결과는 ___에서 비롯된다.

___이라는 점에서 설득력이 있다.

결국 ___이 핵심 요인이라 할 수 있다.

III. 예시 · 사례 제시 패턴

예를 들어 ___의 경우를 살펴보면 알 수 있다.

실제 생활에서 ___와 같은 사례를 쉽게 찾을 수 있다.

이는 ___라는 상황을 통해 이해할 수 있다.

학교생활에서도 이러한 모습을 볼 수 있다.

일상 속 경험을 떠올려 보면 ___이다.

___는 이러한 현상을 잘 보여 준다.

___을 통해 그 의미가 더욱 분명해진다.

주변에서 흔히 볼 수 있는 사례로는 ___이 있다.

이는 우리 사회의 ___ 사례에서도 확인된다.

___라는 경험은 이를 이해하는 데 도움을 준다.

비슷한 상황을 생각해 보면 ___이다.

이러한 원리는 ___에서도 적용된다.

___라는 사례는 이 문제를 잘 설명해 준다.

이를 구체적으로 살펴보면 ___이다.

이는 단순한 이론이 아니라 실제 사례에서도 나타난다.

IV. 반대 관점 제시 패턴

물론 ___라는 반대 의견도 존재한다.

일부에서는 ___라고 주장하기도 한다.

반면 ___라는 입장도 고려할 필요가 있다.

그러나 이러한 주장에는 한계가 있다.

이와 달리 ___라는 관점도 존재한다.

___라는 의견은 타당해 보이지만,

겉보기에는 ___처럼 보일 수 있으나,

일부 사람들은 ___라고 생각할 수 있다.

이러한 주장에도 불구하고,

단순히 ___라고 보기에는 어려운 점이 있다.

V. 반박 · 재설명 패턴

그러나 이는 충분한 설명이 되지 못한다.

이러한 견해는 ___을 간과하고 있다.

이 주장에는 다음과 같은 한계가 있다.

하지만 문제의 본질은 ___에 있다.

이는 ___라는 점에서 설득력이 부족하다.

보다 근본적으로 보면 ___이다.

이러한 생각은 ___을 고려하지 못한다.

따라서 이 주장만으로는 부족하다.

이는 문제를 단순화한 해석에 불과하다.

더 깊이 생각해 보면 ___임을 알 수 있다.

VI. 원인 분석 패턴

이러한 현상이 나타나는 원인은 ___이다.

그 배경에는 ___이 자리하고 있다.

이는 ___에서 비롯된 결과이다.

이러한 문제는 ___와 밀접하게 관련되어 있다.

그 원인을 살펴보면 ___임을 알 수 있다.

이는 단순한 문제가 아니라 ___의 결과이다.

여러 요인이 복합적으로 작용한 결과이다.

근본적인 원인은 ___에서 찾을 수 있다.

이는 사회적 변화와도 관련이 있다.

결국 ___이 주요 원인이라 할 수 있다.

VII. 영향·결과 설명 패턴

이러한 현상은 ___에 영향을 미친다.

그 결과 ___와 같은 변화가 나타난다.

이는 장기적으로 ___을 초래할 수 있다.

이러한 변화는 우리 삶에 중요한 의미를 가진다.

결과적으로 ___라는 문제가 발생할 수 있다.

이는 긍정적인 영향과 부정적인 영향을 동시에 가진다.

이러한 상황은 ___을 어렵게 만들 수 있다.

이는 사회 전반에 영향을 미칠 가능성이 있다.

결국 ___라는 결과로 이어질 수 있다.

이러한 영향은 개인과 사회 모두에 나타난다.

VIII. 해결 방안 제시 패턴

이러한 문제를 해결하기 위해서는 ___이 필요하다.

우선 ___부터 개선해야 한다.

이를 위해 ___와 같은 노력이 요구된다.

해결을 위해 개인과 사회의 협력이 필요하다.

___라는 방법을 고려해 볼 수 있다.

장기적으로는 ___이 중요하다.

보다 근본적인 해결책은 ___이다.

이를 개선하기 위해서는 ___이 필요하다.

교육과 인식 변화가 중요한 역할을 한다.

지속적인 노력과 제도적 지원이 병행되어야 한다.

IX. 결론 정리 패턴

따라서 ___은 중요한 의미를 가진다.

결국 우리는 ___을 고려해야 한다.

이러한 점에서 ___의 중요성이 드러난다.

앞으로 ___에 대한 지속적인 관심이 필요하다.

결국 핵심은 ___에 있다고 할 수 있다.

연습하기 — 반복해서 써 보자

나의 글을 더 빛나게 할 표현 연습
― 글이 좋아 보이는 표현 100선

Ⅰ. 글을 시작할 때

이 문제는 우리 생활과 밀접하게 연결되어 있다.

우리는 이 주제에 대해 한 번쯤 생각해 볼 필요가 있다.

이 현상은 현대 사회에서 점점 중요해지고 있다.

겉보기에는 단순해 보이지만, 그 의미는 결코 가볍지 않다.

이 문제를 이해하기 위해서는 배경을 살펴볼 필요가 있다.

최근 ___에 대한 관심이 높아지고 있다.

이러한 변화는 우리 사회에 새로운 질문을 던진다.

이 주제는 개인과 사회 모두에 중요한 의미를 지닌다.

이 문제는 단순한 선택의 문제가 아니다.

오늘날 우리는 ___에 대해 다시 생각해 보아야 한다.

이는 우리 삶의 방식과도 깊이 관련되어 있다.

이 현상은 일상 속에서도 쉽게 발견된다.

이 문제를 통해 우리는 중요한 가치를 돌아볼 수 있다.

이러한 논의는 앞으로 더욱 중요해질 것이다.

이 주제는 미래 사회와도 연결되어 있다.

Ⅱ. 생각이 깊어 보이는 표현

이는 단순한 문제가 아니라 구조적인 문제이다.

보다 근본적으로 바라볼 필요가 있다.

이 현상은 여러 요인이 복합적으로 작용한 결과이다.

단편적으로 판단하기에는 한계가 있다.

문제의 본질은 다른 곳에 있을 수 있다.

이를 넓은 관점에서 바라볼 필요가 있다.

표면적인 현상만으로 판단하기는 어렵다.

다양한 관점을 고려해야 한다.

상황을 입체적으로 이해할 필요가 있다.

이는 우리에게 중요한 시사점을 제공한다.

이 문제는 생각보다 복합적인 성격을 지닌다.

보다 장기적인 관점에서 접근해야 한다.

단순한 해결책으로는 충분하지 않다.

균형 잡힌 시각이 요구된다.

이러한 관점은 문제 이해를 더욱 깊게 만든다.

III. 논리적 연결 표현

이러한 점에서

다시 말해

이는 곧 ___을 의미한다.

이와 같은 맥락에서 보면

한편으로는

다른 한편으로는

이러한 흐름 속에서

이와 동시에

그 결과

따라서

결국

더 나아가

특히

예컨대

이와 달리

연결어가 좋으면 글 수준이 올라갑니다.

IV. 설득력 있어 보이는 표현

이러한 점은 쉽게 간과될 수 있지만 중요하다.

이는 우리에게 중요한 교훈을 준다.

실제 사례를 통해서도 확인할 수 있다.

이러한 사실은 부정하기 어렵다.

이는 충분히 설득력 있는 주장이다.

이를 통해 우리는 분명한 사실을 알 수 있다.

이 점에서 그 의미가 더욱 분명해진다.

이는 현실에서도 널리 관찰되는 현상이다.

이러한 변화는 자연스러운 흐름이라 할 수 있다.

이 문제를 가볍게 넘길 수 없는 이유가 여기에 있다.

이는 중요한 사회적 의미를 지닌다.

이러한 경향은 점점 확대되고 있다.

이는 단순한 우연이라 보기 어렵다.

이러한 사실은 많은 사람들의 경험과도 일치한다.

이는 우리의 일상 속에서도 쉽게 확인된다.

V. 균형 잡힌 사고 표현

물론 긍정적인 측면도 존재한다.

반면 부정적인 영향도 고려해야 한다.

장점과 한계가 동시에 존재한다.

모든 상황에 동일하게 적용되지는 않는다.

경우에 따라 다른 결과가 나타날 수 있다.

절대적으로 옳다고 보기는 어렵다.

단정적으로 말하기는 힘들다.

상황에 따라 다르게 해석될 수 있다.

서로 다른 입장이 존재한다.

다양한 의견을 존중할 필요가 있다.

균형 있는 접근이 중요하다.

어느 한쪽으로만 판단하기 어렵다.

여러 요소를 종합적으로 고려해야 한다.

이는 단순한 찬반의 문제가 아니다.

보다 신중한 판단이 요구된다.

상위권 답안 특징 = 균형 잡힌 시각

Ⅵ. 원인·영향 설명 표현

이러한 현상의 배경에는 ___이 있다.

이는 ___와 깊은 관련이 있다.

이러한 변화는 ___에서 비롯되었다.

그 결과 ___라는 현상이 나타난다.

이는 장기적으로 ___에 영향을 미칠 수 있다.

이러한 흐름은 앞으로 더욱 강화될 것이다.

이는 사회 전반에 영향을 줄 가능성이 있다.

개인의 삶에도 적지 않은 변화를 가져온다.

이러한 변화는 새로운 문제를 낳을 수 있다.

결국 이는 우리 생활 방식에도 영향을 미친다.

Ⅶ. 해결·제안 표현

이를 해결하기 위해서는 ___이 필요하다.

무엇보다 중요한 것은 ___이다.

우선적으로 고려해야 할 점은 ___이다.

장기적인 관점에서 접근해야 한다.

교육과 인식 개선이 중요하다.

개인과 사회의 노력이 함께 이루어져야 한다.

작은 변화에서 시작할 수 있다.

지속적인 관심과 실천이 필요하다.

제도적 지원이 병행되어야 한다.

함께 노력할 때 해결 가능성이 높아진다.

Ⅷ. 결론을 좋아 보이게 만드는 표현

이러한 점에서 ___의 중요성이 더욱 강조된다.

결국 핵심은 ___에 있다고 할 수 있다.

앞으로 우리는 ___에 주목해야 한다.

이는 우리 모두가 고민해야 할 과제이다.

이러한 노력이 모일 때 더 나은 미래를 기대할 수 있다.

바로 좋아 보이게 만드는 핵심 표현 TOP 10

- 보다 근본적으로 보면

- 균형 잡힌 시각이 필요하다.

- 단순한 문제가 아니다.

- 다양한 관점을 고려해야 한다.

- 장기적인 관점에서 접근해야 한다.

- 이는 중요한 시사점을 제공한다.

- 현실에서도 확인할 수 있다.

- 절대적으로 옳다고 보기는 어렵다.

- 이러한 흐름은 앞으로 더욱 확대될 것이다.

- 결국 핵심은 ___에 있다.

이 10개만 사용해도 글 수준이 달라집니다.

연습하기 ― 반복해서 써 보자

연습하기 ― 반복해서 써 보자

글이 더 똑똑해 보이는 연결어 · 접속어 50선

Ⅰ. 글을 시작할 때(주제 도입)

먼저

먼저 ○○의 개념을 살펴볼 필요가 있다.
먼저 ○○ 문제의 본질을 이해해야 한다.
먼저 ○○이 제기되는 배경을 검토할 필요가 있다.

우선

우선 ○○의 현황을 살펴보면 …
우선 ○○이라는 점에서 문제의 심각성이 드러난다.
우선 ○○을 고려해야 한다.

무엇보다

무엇보다 ○○이 중요하다.
무엇보다 ○○의 관점에서 접근해야 한다.
무엇보다 ○○이 선행되어야 한다.

오늘날

오늘날 ○○은 중요한 사회적 과제로 떠오르고 있다.
오늘날 ○○은 더 이상 선택이 아닌 필수 요소가 되었다.
오늘날 ○○의 중요성은 더욱 커지고 있다.

최근 들어

최근 들어 ○○ 현상이 두드러지게 나타나고 있다.
최근 들어 ○○에 대한 관심이 높아지고 있다.
최근 들어 ○○ 문제가 사회적 쟁점으로 부상하고 있다.

 예비고등학생을 위한 수리논술과 인문논술 패턴훈련

일반적으로

일반적으로 ○○은 ○○로 이해된다.
일반적으로 ○○은 긍정적으로 평가된다.
일반적으로 ○○은 ○○의 역할을 수행한다.

우리가 주목해야 할 점은

우리가 주목해야 할 점은 ○○이다.
우리가 주목해야 할 점은 단순한 ○○이 아니라 ○○이라는 사실이다.
우리가 주목해야 할 점은 ○○이 가져올 장기적 영향이다.

이와 관련하여

이와 관련하여 ○○을 추가적으로 검토할 필요가 있다.
이와 관련하여 ○○ 문제도 함께 논의되어야 한다.
이와 관련하여 ○○의 중요성이 강조된다.

II. 내용 추가·확장 연결

또한

또한 ○○이 필요하다.
또한 ○○ 문제도 고려해야 한다.

더불어

더불어 ○○이 병행되어야 한다.
더불어 ○○에 대한 인식 개선이 필요하다.
더불어 ○○의 역할도 중요하다.

나아가

나아가 ○○로 확대될 필요가 있다.
나아가 ○○ 차원의 논의로 발전해야 한다.
나아가 ○○의 변화를 촉진할 수 있다.

이와 함께

이와 함께 ○○이 요구된다.

이와 함께 ○○ 문제 해결도 필요하다.

이와 함께 ○○의 중요성이 부각된다.

동시에

○○을 촉진하는 동시에 ○○ 문제를 야기한다.

○○을 가능하게 하는 동시에 ○○을 요구한다.

○○ 효과를 가져오는 동시에 ○○ 위험도 존재한다.

뿐만 아니라

○○뿐만 아니라 ○○에도 영향을 미친다.

○○뿐만 아니라 ○○ 문제도 발생한다.

○○뿐만 아니라 장기적으로 ○○ 효과도 나타난다.

추가적으로

추가적으로 ○○을 검토할 필요가 있다.

추가적으로 ○○ 문제도 고려해야 한다.

추가적으로 ○○의 효과를 기대할 수 있다.

III. 이유 설명 연결

왜냐하면

왜냐하면 이는 ○○이기 때문이다.

이는 ○○라는 점에서 설명될 수 있다.

이는 ○○라는 특성에서 비롯된다.

그 이유는

그 이유는 ○○에 있다.

그 이유는 ○○ 구조에서 찾을 수 있다.

그 이유는 ○○의 변화에서 비롯된다.

이는 ___ 때문이다

이는 ○○ 때문이다.
이는 ○○라는 구조적 요인 때문이다.
이는 ○○라는 사회적 변화 때문이다.

이러한 이유로

이러한 이유로 ○○이 요구된다.
이러한 이유로 ○○의 필요성이 강조된다.
이러한 이유로 ○○ 문제가 더욱 중요해지고 있다.

IV. 예시 제시 연결

예를 들어

예를 들어, ○○의 경우를 들 수 있다.
예를 들어, ○○ 현상은 이를 잘 보여 준다.
예를 들어, ○○ 상황을 통해 확인할 수 있다.

실제로

실제로 ○○ 사례가 나타나고 있다.
실제로 ○○ 현상은 다양한 분야에서 확인된다.
실제로 ○○로 이어지는 경우가 많다.

대표적인 사례로

대표적인 사례로 ○○을 들 수 있다.
대표적인 사례로 ○○ 정책이 있다.
대표적인 사례로 ○○ 국가의 사례가 주목된다.

구체적으로 살펴보면

구체적으로 살펴보면 ○○의 변화가 나타난다.
구체적으로 살펴보면 ○○ 구조가 어떻게 작동하는지 알 수 있다.
구체적으로 살펴보면 ○○ 과정에서 문제점이 드러난다.

일상생활에서도 ○○ 현상을 쉽게 확인할 수 있다.
일상생활에서도 ○○의 변화가 나타나고 있다.
일상생활에서도 ○○의 영향을 체감할 수 있다.

V. 설명·재정리 연결

다시 말해

다시 말해, ○○이라는 의미이다.
다시 말해, ○○을 뜻한다.
다시 말해, ○○로 이해할 수 있다.

즉

즉, ○○이라는 것이다.
즉, ○○로 귀결된다.
즉, ○○라고 볼 수 있다.

바꿔 말하면

바꿔 말하면, ○○라고 할 수 있다.
바꿔 말하면, ○○의 문제이다.
바꿔 말하면, ○○을 의미한다.

다시 정리하면

다시 정리하면, ○○이 핵심이다.
다시 정리하면, ○○의 필요성이 도출된다.
다시 정리하면, ○○라는 결론에 이른다.

VI. 비교 · 대조 연결

반면

○○은 증가한 반면 ○○은 감소하였다.
○○은 긍정적 영향을 미친 반면 ○○ 문제를 초래하였다.

이에 비해

○○은 ○○한 특징을 보인다. 이에 비해 ○○은 …
○○은 단기 효과에 초점을 둔다. 이에 비해 ○○은 장기적 관점을 중시한다.
○○은 효율성을 강조한다. 이에 비해 ○○은 형평성을 중시한다.

다른 한편으로는

○○의 긍정적 측면이 있다. 다른 한편으로는 ○○ 문제도 존재한다.
○○은 효율성을 높인다. 다른 한편으로는 형평성 문제가 제기된다.
○○은 접근성을 높인다. 다른 한편으로는 질적 저하 우려가 있다.

이와 달리

○○은 ○○한 특징을 보인다. 이와 달리 ○○은 …
○○은 단기 성과를 중시한다. 이와 달리 ○○은 지속가능성을 중시한다.
○○은 개인 중심 접근이다. 이와 달리 ○○은 공동체 중심 접근이다.

그러나

○○의 장점은 인정된다. 그러나 ○○ 문제가 존재한다.
○○이 확대되고 있다. 그러나 ○○에 대한 대비는 부족하다.
○○은 긍정적으로 평가된다. 그러나 한계 역시 분명하다.

VII. 양면성 · 균형 표현

물론

물론 ○○의 장점은 분명하다. 그러나 …
물론 ○○이 필요하다는 점은 인정된다. 다만 …
물론 ○○이 긍정적 역할을 수행하지만 …

한편으로는

한편으로는 ○○하지만, 다른 한편으로는 ○○하다.
한편으로는 ○○이라는 긍정적 효과가 있지만 …

동시에

○○을 촉진하는 동시에 ○○ 문제를 야기한다.
○○ 효과를 가져오는 동시에 ○○을 요구한다.
○○을 가능하게 하는 동시에 ○○의 위험도 내포한다.

장점도 있지만

○○은 장점도 있지만 한계 또한 존재한다.
○○은 장점도 있지만 장기적으로는 ○○ 문제가 발생할 수 있다.
○○은 장점도 있지만 사회적 비용 역시 수반된다.

긍정적인 측면이 있는 반면

○○은 긍정적인 측면이 있는 반면, ○○이라는 문제도 제기된다.
○○은 긍정적인 측면이 있는 반면, 장기적으로는 ○○의 위험이 존재한다.
○○은 긍정적인 측면이 있는 반면, 사회적 비용 역시 고려해야 한다.

VIII. 결과 · 영향 연결

그 결과

그 결과, ○○ 현상이 나타나게 되었다.
그 결과, ○○의 증가(감소)가 불가피해졌다.
그 결과, 기존의 ○○ 구조가 변화하기 시작했다.

이로 인해

이로 인해 ○○ 문제가 심화되었다.
이로 인해 ○○에 대한 사회적 논의가 확대되었다.
이로 인해 ○○의 필요성이 더욱 부각되었다.

결과적으로

결과적으로 ○○이라는 구조적 문제가 형성되었다.

결과적으로 ○○의 변화가 사회 전반에 영향을 미치게 되었다.

결과적으로 ○○의 중요성이 더욱 커지게 되었다.

따라서

따라서 ○○이 필요하다.

따라서 ○○에 대한 제도적 보완이 요구된다.

따라서 ○○을 위한 사회적 합의가 중요하다.

IX. 결론 연결

종합해 보면

종합해 보면, 앞서 살펴본 ○○와 ○○의 측면을 고려할 때 …

종합해 보면, 문제의 원인과 영향, 그리고 해결 방향을 함께 검토할 때 …

종합해 보면, 단기적 효과뿐 아니라 장기적 파급까지 감안할 때 …

이러한 점에서

이러한 점에서 ○○은 단순한 선택의 문제가 아니라 필수적 과제라 할 수 있다.

이러한 점에서 ○○에 대한 제도적 보완이 요구된다.

이러한 점에서 ○○의 중요성은 더욱 강조된다.

예비고등학생을 위한 수리논술과 인문논술 패턴훈련

연습하기 — 반복해서 써 보자

제2장

수리논술 연습문제 및 패턴훈련

일부 학원은 레벨테스트 결과를 통해
"아이의 현재 위치"를 제시하는 동시에
"뒤처질 위험"을 강조한다.
많은 부모는 이를 객관적 평가로 받아들이며 불안을 느끼고 추가 교육을 선택한다.
이 현상을 수리적으로 분석하면,
부모의 불안이 어떻게 증폭되고 선택이 유도되는지 이해할 수 있다.

최근 많은 부모들이 자녀의 학습 수준을 파악하기 위해 레벨테스트 결과에 큰 의미를 부여하고 있다. 일부 학원은 이러한 결과를 바탕으로 추가 교육의 필요성을 강조하며 학습 격차에 대한 불안을 자극하기도 한다. 이 현상을 수리적으로 살펴보면, 부모의 불안이 개인의 문제라기보다 구조적으로 형성될 수 있음을 이해할 수 있다.

첫째, 레벨테스트는 대부분 상대평가 구조를 기반으로 한다. 예를 들어 100명의 학생을 평가할 때 상위 20%, 중위 60%, 하위 20%로 구분한다면 실제 능력과 무관하게 항상 일정 비율의 학생이 '부족한 집단'으로 분류된다. 이는 평가 집단이 바뀌지 않는 한 구조적으로 뒤처진 학생이 존재하게 됨을 의미한다. 따라서 부모는 자신의 자녀가 해당 집단에 속했다는 사실만으로 실제 능력 수준과 관계없이 학습 격차에 대한 불안을 느끼게 된다.

둘째, 평균 중심 해석은 학습 수준을 왜곡할 수 있다. 예를 들어 평균 점수가 85점이고 한 학생이 80점을 받았다면 평균보다 낮다는 이유로 뒤처졌다고 판단하기 쉽다. 그러나 점수 분포를 보면 80점이 중상위권에 해당할 수도 있다. 평균은 전체 경향을 보여 주는 지표일 뿐 개인의 위치나 성취 분포를 충분히 설명하지 못하므로, 평균만을 기준으로 판단할 경우 불안이 과장될 가능성이 있다.

셋째, 비교 집단의 설정 방식 역시 부모 인식에 큰 영향을 미친다. 동일한 학생이라도 일반 학교 집단에서는 상위권에 속할 수 있지만, 특목 대비반과 같은 높은 수준의 집단에서는 하위권으로 나타날 수 있다. 이처럼 비교 기준이 높아질수록 상대적 박탈감을 느낄 확률이 증가하며, 부모는 더 강한 교육 개입의 필요성을 느끼게 된다.

넷째, 상담 과정에서 제시되는 확률 메시지는 위험 인식을 확대한다. 예를 들어 "상위 10%만 명문대에 진학한다"는 사실은 통계적으로 맞는 표현일 수 있으나, 부모는 이를 "대부분 실패한다"는 의미로 받아들이기 쉽다. 사람들은 이익보다 손실 가능성에 더 민감하게 반응하는 경향이 있으며, 이러한 손실 회피 성향은 교육 선택에서도 불안을 증폭시키는 요인으로 작용한다.

다섯째, 백분율 표현은 성과를 과장된 방식으로 인식하게 만든다. "상위 5% 진입" 또는 "2등급 상승"과 같은 표현은 실제 학습 변화의 크기보다 성과를 더 크게 느끼게 하며, 부모로 하여금 교육 효과가 매우 크다고 판단하게 만든다.

이처럼 상대평가 구조, 평균 중심 해석, 비교 집단 효과, 확률 메시지, 백분율 표현이 결합되면 부모의 불안은 체계적으로 증폭될 수 있다. 따라서 레벨테스트 결과를 해석할 때는 단일 순위나 등급보다 점수 분포, 성장 추세, 학습 균형, 그리고 장기적 발달 가능성을 함께 고려하는 것이 필요하다. 교육 선택 역시 일시적 평가 결과가 아니라 아이의 지속적인 성장 과정에 초점을 맞출 때 보다 합리적인 판단에 이를 수 있다.

"50% 할인 후 추가 20% 할인"의 실제 의미

정가 120,000원인 운동화를 대형 쇼핑몰에서 다음과 같이 광고하고 있다.

50% 할인 + 추가 20% 할인
지금 구매하면 70% 할인 효과!

다현이는 이 광고를 보고 "거의 공짜네"라고 말한다.

① 실제 결제 가격을 계산하시오.
② 실제 할인율을 구하시오.
③ 왜 많은 소비자가 70% 할인으로 오해하는지 설명하시오.
④ 이러한 할인 방식이 소비자의 판단과 구매 행동에 미치는 영향을 논하시오.

높은 점수 답안

정가 120,000원에서 먼저 50%가 할인되면 가격은 60,000원이 된다. 여기에 추가로 20%가 할인되면 12,000원이 더 할인되어 최종 가격은 48,000원이 된다.

따라서 총 할인 금액은 72,000원이며, 실제 할인율은 60%이다.

많은 소비자들이 70% 할인으로 오해하는 이유는 두 할인율을 단순히 더하기 때문이다. 그러나 두 번째 할인은 이미 할인된 가격을 기준으로 적용되므로 실제 할인율은 단순 합산보다 낮아진다.

이러한 할인 방식은 소비자에게 매우 큰 혜택을 받는 듯한 인상을 주어 구매 결정을 빠르게 유도한다. 할인율이 클수록 소비자는 '지금 사지 않으면 손해'라는 심리적 압박을 느끼게 되며, 이는 합리적 판단보다 감정적 소비를 촉진할 수 있다. 따라서 소비자는 할인율뿐 아니라 실제 결제 금액을 기준으로 판단할 필요가 있다.

낮은 점수 답안

50% 할인하면 반값이 되고 20% 더 할인되니까 많이 싸진다. 그래서 거의 70% 할인이라고 볼 수 있다. 싸 보이면 사람들이 많이 산다.

☆ 최상위권 답안 구조 템플릿

① 실제 결제 가격
정가 120,000원
50% 할인 → 120,000 × 0.5 = 60,000원
추가 20% 할인(할인 후 가격 기준) → 60,000 × 0.8 = 48,000원

실제 결제 가격: 48,000원

② 실제 할인율
정가 대비 얼마나 내려갔는지 보면 된다.
할인액: 120,000 − 48,000 = 72,000원
할인율: 72,000 ÷ 120,000 = 0.6

실제 할인율: 60%

즉, "50% + 20%"는 70%가 아니라 60% 할인 효과다.
(이유: 0.5 × 0.8 = 0.4 → 최종 가격이 정가의 40%)

③ 왜 70% 할인으로 오해하나
사람들은 할인율을 그냥 더해도 된다고 착각한다. (50 + 20 = 70)
하지만 "추가 20%"는 정가 기준 20%가 아니라, 이미 50% 할인된 60,000원을 기준으로 20%다.
광고 문구가 "추가 20%"의 기준을 작게 처리하거나, 소비자가 빨리 읽으면 '정가 기준'처럼 느끼게 만들어 착시를 유도한다.

④ 소비자 판단과 구매 행동에 미치는 영향
할인 체감이 과장된다.
'70%'라는 큰 숫자는 "이건 안 사면 손해"라는 감정을 만들고, 가격 판단을 단순화한다.
앵커 효과가 생긴다.
'정가 120,000원'과 '70%'가 함께 제시되면, 소비자는 실제 가격(48,000원)의 합리성보다 "엄청 싸다"는 인상에 끌리기 쉽다.
즉시 구매를 유도한다.
할인 문구는 "지금 아니면 못 산다"는 느낌을 줘서 비교 · 검토 시간을 줄이고 충동구매를 강화한다. 신뢰에는 역효과도 있다. 구매 후 '70%가 아니었네'를 깨닫거나 반복 경험하면, 쇼핑몰 · 브랜드에 대한 신뢰가 떨어지고 "세일이 원래 가격 장난"이라는 불신이 쌓일 수 있다.

답안지

평균 점수가 보여 주지 못하는 것

한 반의 수학 시험 결과는 다음과 같다.
평균 점수: 82점
90점 이상: 6명
50점 이하: 5명
전체 학생: 30명
학부모 상담에서 담임교사는 "평균이 높아 전반적으로 양호합니다"라고 말했다.

① 평균 점수만으로 학급 성취도를 판단하는 것이 적절한가?
② 이 자료가 보여 주는 성적 분포 특징을 설명하시오.
③ 실제 학습 수준을 정확히 파악하기 위한 방법을 제시하시오.

높은 점수 답안

평균 점수 82점은 학급 전체의 성취 수준이 비교적 높음을 시사할 수 있으나, 이 수치만으로 학습 상황을 전반적으로 양호하다고 판단하기에는 한계가 있다. 90점 이상 학생이 6명 존재하는 반면, 50점 이하 학생이 5명 있다는 점은 학습 성취도가 균등하지 않으며 학생 간 격차가 존재함을 보여 준다.

특히 상위권 학생들의 높은 점수가 평균을 상승시켰을 가능성이 있으며, 기초학력이 부족한 학생들이 일정 비율 존재한다는 점은 추가적인 학습 지원이 필요함을 시사한다. 평균은 전체 경향을 보여 주는 지표이지만, 개별 학생의 성취 수준이나 분포의 불균형까지 설명하지는 못한다.

따라서 교사는 평균 점수뿐 아니라 성취도 분포, 중간 수준 학생 비율, 기초학력 미달 학생 현황 등을 함께 설명하며, 상위권 심화 학습과 하위권 보충 지도 방안을 병행하고 있음을 안내하는 것이 보다 적절하다.

낮은 점수 답안

평균이 82점이면 공부를 잘하는 반이라고 생각한다. 평균이 높으면 괜찮다. 어떻게 보면 평균 점수는 높지만 낮은 점수를 받은 학생들도 있으므로 전체 수준이 모두 높다고 보기는 어렵다.

☆ **최상위권 답안 구조 템플릿**

Ⅰ. 문제 이해
평균 점수 제시
분포 정보 포함

Ⅱ. 평균만으로 판단의 한계
평균은 전체 경향만 제시
개인 성취 수준 반영 어려움

Ⅲ. 자료가 보여 주는 학습 상황
상위권 존재(90점 이상 6명)
기초학력 미달 가능 집단(50점 이하 5명)
성취도 격차 존재

Ⅳ. 평균이 보여 주지 못하는 정보
점수 분포 형태
학생 간 격차
중간층 학습 수준
학습 지원 필요 영역

Ⅴ. 결론
평균은 참고 지표일 뿐, 분포 분석이 함께 이루어져야 한다.

문제 3

20% 인상 후 20% 할인, 가격은 원래대로일까?

한 가방의 가격이 50,000원에서 20% 인상되었다가 다시 20% 할인되었다.

① 최종 가격을 구하시오.
② 원래 가격과 비교하여 차이를 설명하시오.
③ 왜 많은 사람들이 가격이 같아진다고 생각하는지 설명하시오.
④ 이러한 가격 전략이 소비자 인식에 미치는 영향을 서술하시오.

높은 점수 답안

가격이 50,000원에서 20% 인상되면 60,000원이 된다. 이후 20% 할인되면 12,000원이 할인되어 최종 가격은 48,000원이 된다. 따라서 원래 가격보다 2,000원이 낮다.

많은 사람들이 인상과 할인이 같은 비율이므로 가격이 원래대로 돌아온다고 생각하지만, 두 변화는 서로 다른 기준 금액에 적용되기 때문에 결과가 같지 않다.

이러한 가격 전략은 소비자에게 가격이 크게 낮아진 것처럼 보이게 하여 구매를 유도할 수 있다. 소비자는 퍼센트 변화에 집중하는 경향이 있어 실제 금액 변화를 정확히 인식하지 못할 수 있다.

낮은 점수 답안

20% 올랐다가 20% 내리면 같아진다.

☆ 최상위권 답안 구조 템플릿

① 최종 가격
원래 가격: 50,000원
20% 인상: $50,000 \times 1.2 = 60,000$원
20% 할인: $60,000 \times 0.8 = 48,000$원
따라서 최종 가격은 48,000원이다.

② 원래 가격과의 차이
원래: 50,000원
최종: 48,000원
차이: $48,000 - 50,000 = -2,000$원
즉, 원래보다 2,000원(4%) 더 싸졌다.
(이유: $1.2 \times 0.8 = 0.96 \rightarrow$ 전체적으로 4% 감소)

③ 왜 많은 사람들이 "같아진다"고 생각하나
20% 올리고 20% 내리면 0%라고, 퍼센트를 그냥 더하고 빼는 습관이 있기 때문이다.
하지만 할인은 '원래 가격'이 아니라 인상된 60,000원을 기준으로 계산된다.
결국 기준이 달라졌는데도 같은 기준인 것처럼 착각해서 "원상복귀"라고 느낀다.

④ 이런 가격 전략이 소비자 인식에 미치는 영향
할인 효과가 더 크게 느껴진다.
"원래 60,000원인데 20% 할인!"처럼 보이면, 소비자는 절약했다는 기분을 강하게 받는다.
기준 가격(앵커)이 머릿속에 박힌다.
60,000원이 잠깐이라도 제시되면, 사람들은 50,000원이 아니라 60,000원을 기준으로 '싸다/비싸다'를 판단하게 된다.
구매를 서두르게 만든다.
"할인 기간"이라는 말이 붙으면, 소비자는 손해 보기 싫어서 더 빨리 결정한다.
신뢰에는 양면성이 있다.
반복되면 "원래부터 그 가격이었네?"라는 의심이 생겨 브랜드 신뢰가 떨어질 수도 있다.

답안지

평균 속도의 함정

집에서 학교까지 갈 때 시속 4km, 돌아올 때 시속 6km로 이동했다.

① 평균 속도를 구하시오.
② 단순 평균(5km/h)이 아닌 이유를 설명하시오.
③ 왜 많은 사람들이 평균을 잘못 이해하는지 서술하시오.

높은 점수 답안

왕복 거리가 동일하므로 평균 속도는 전체 거리 ÷ 전체 시간으로 계산해야 한다. 예를 들어 왕복 거리가 8km라면 갈 때 2시간, 올 때 약 1시간 20분이 걸리므로 총 시간은 약 3시간 20분이다. 이를 기준으로 계산하면 평균 속도는 약 4.8km/h로 5km/h보다 낮다.

단순 평균은 두 속도를 더해 나눈 값이지만, 실제 이동 시간은 속도에 따라 다르게 소요되므로 정확한 평균 속도를 나타내지 못한다.

많은 사람들은 평균을 단순히 더해서 나누는 것으로 이해하지만, 시간·거리와 같은 조건을 고려하지 않으면 실제 상황을 정확히 반영하지 못한다.

또는 다음의 답안도 가능하다.

평균 속도는 전체 이동 거리와 전체 이동 시간의 비율로 결정된다. 집에서 학교까지의 거리를 d라고 하면, 갈 때 걸린 시간은 d/4, 돌아올 때 걸린 시간은 d/6이다. 따라서 전체 이동 거리는 2d이고 전체 시간은 d/4 + d/6 = 5d/12가 된다.

평균 속도는

2d ÷ (5d/12) = 24/5 = 4.8 km/h이다.

이 값이 단순 평균인 5km/h보다 작은 이유는 느린 속도로 이동하는 구간에서 더 많은 시간이 소요되기 때문이다. 평균 속도는 속도의 평균이 아니라 시간에 의해 가중되는 값이므로, 이동 시간이 긴 구간의 속도가 전체 평균에 더 큰 영향을 미친다.

많은 사람들이 평균을 잘못 이해하는 이유는 숫자의 단순 평균을 모든 상황에 적용할 수 있다고 생각하기 때문이다. 그러나 속도와 같이 시간이나 거리와 관련된 값은 단순 평균이 아닌 전체 관계를 고려해야 하며, 이러한 차이를 인식하지 못하면 직관적 판단 오류가 발생할 수 있다.

낮은 점수 답안

4와 6의 평균은 5이므로 평균 속도는 5km/h이다.

☆ **최상위권 답안 구조 템플릿**

Ⅰ. 문제 이해
왕복 이동

평균 속도 의미

Ⅱ. 평균 속도 계산
갈 때 시간: d/4

올 때 시간: d/6

전체 거리: 2d

전체 시간: 5d/12

평균 속도: 4.8 km/h

Ⅲ. 단순 평균이 아닌 이유
평균 속도 = 전체 거리 ÷ 전체 시간

느린 구간에서 시간 더 소요

시간 가중 효과

Ⅳ. 평균 오해의 원인
숫자의 단순 평균 습관

직관적 판단 오류

시간 요소 간과

Ⅴ. 결론
평균 속도는 시간 구조를 반영해야 한다.

예비고등학생을 위한 수리논술과 인문논술 패턴훈련

문제 5

표본조사의 신뢰성

학생 1,000명 중 급식 만족도를 조사하기 위해 20명만 조사했더니 90%가 만족한다고 답했다.

① 이 결과를 전체 의견으로 볼 수 있는가?
② 표본 수가 적을 때 발생하는 문제를 설명하시오.
③ 정확도를 높이기 위한 방법을 제시하시오.

높은 점수 답안

규모가 지나치게 작으면 우연에 의한 편차가 크게 나타날 수 있으며, 조사 대상이 특정 학년이나 반에 편중되어 있을 경우 전체 학생의 의견을 대표하지 못할 가능성이 높다.

표본 수가 적을 때는 표본 오차가 커져 실제 집단의 의견과 차이가 발생할 수 있으며, 특정 의견이 과대 반영되거나 소수 의견이 배제될 위험이 있다. 이러한 문제는 조사 결과의 신뢰성을 낮추는 요인이 된다.

조사의 정확도를 높이기 위해서는 표본 수를 충분히 확대하고, 학년·성별·반 등 다양한 집단을 포함하도록 표본을 무작위로 선정해야 한다. 또한 질문 문항을 명확하게 구성하고 응답 환경을 공정하게 조성함으로써 조사 결과의 객관성과 신뢰성을 높일 수 있다.

낮은 점수 답안

90%가 만족하면 대부분 만족한다고 볼 수 있다. 하지만 20명만 조사했기 때문에 전체 의견을 대표한다고 보기 어렵다. 더 많은 학생을 조사해야 한다.

☆ **최상위권 답안 구조 템플릿**

Ⅰ. 문제 이해
전체 1,000명
표본 20명
결과 일반화 가능성 검토

Ⅱ. 전체 의견으로 볼 수 있는가
대표성 부족 가능성
일반화의 한계

Ⅲ. 표본 수가 적을 때 발생하는 문제
1) 표본 오차 증가
2) 특정 집단 편향
3) 우연적 결과 왜곡
4) 신뢰도 저하

Ⅳ. 정확도 향상 방법
1) 표본 수 확대
2) 무작위 표집
3) 다양한 집단 포함
4) 질문 설계 개선

Ⅴ. 결론
표본조사의 신뢰성은 대표성과 규모에 의해 결정된다.

답안지

1+2+3+⋯+100을 빠르게 계산하는 방법

① 이 합을 빠르게 계산하는 방법을 설명하시오.
② 왜 이러한 방법이 가능한지 논리적으로 설명하시오.
③ 이 계산 방법이 실생활에서 활용될 수 있는 예를 제시하시오.

높은 점수 답안

1부터 100까지의 합은 수를 순서대로 더하는 대신, 앞뒤의 수를 짝지어 계산하면 빠르게 구할 수 있다. 첫 번째 수와 마지막 수를 더하면 1+100=101이 되고, 두 번째와 끝에서 두 번째 수를 더해도 2+99=101이 된다. 이와 같은 방식으로 짝을 만들면 총 50쌍이 만들어지며, 각 쌍의 합은 101이다.

따라서 전체 합은

101 × 50 = 5050이 된다.

이 방법이 가능한 이유는 수열이 일정한 간격으로 증가하는 등차수열이기 때문이다. 첫 항과 마지막 항의 평균값에 항의 개수를 곱하면 전체 합을 구할 수 있으며, 이는 수들의 규칙적 구조를 이용한 계산 방법이다.

이러한 계산 방식은 일정 간격으로 증가하는 수의 합을 빠르게 구해야 할 때 활용될 수 있다. 예를 들어 좌석 번호 합계 계산, 일정 기간 누적 금액 계산, 계단 수 누적 계산 등 반복적이고 규칙적인 수열 상황에서 효율적으로 사용할 수 있다.

낮은 점수 답안

1부터 100까지 더하면 5050이다. 공식이 있어서 쉽게 구할 수 있다.

첫 번째 수와 마지막 수를 짝지어 더하면 계산을 빠르게 할 수 있다.

1 + 100 = 101

2 + 99 = 101

3 + 98 = 101 ⋯

이처럼 50쌍이 만들어지고, 각 쌍의 합은 101이므로

101 × 50 = 5050

따라서 합은 5050이다.

☆ **최상위권 답안 구조 템플릿**

Ⅰ. 문제 이해
연속된 수의 합
효율적 계산 필요

Ⅱ. 빠른 계산 방법
앞뒤 수 짝짓기
각 쌍의 합 동일

Ⅲ. 계산 과정
(1+100), (2+99) …
$101 \times 50 = 5050$

Ⅳ. 방법이 가능한 이유
일정한 간격 증가(등차수열)
평균값 × 개수 원리

Ⅴ. 실생활 활용
누적 금액 계산
좌석 번호 합
계단 · 단계 누적 계산
반복 증가 데이터 합산

Ⅵ. 결론
규칙성을 이용하면 계산을 효율적으로 수행할 수 있다.

분수 비교를 계산 없이 하는 방법

3/4과 5/8 중 어느 수가 더 큰가?

① 계산기를 사용하지 않고 비교하는 방법을 설명하시오.
② 왜 그 방법이 가능한지 설명하시오.
③ 분수 비교가 필요한 실생활 상황을 제시하시오.

높은 점수 답안

3/4과 5/8를 계산기 없이 비교하기 위해서는 같은 기준으로 환산하는 방법을 사용할 수 있다. 3/4을 분모가 8인 분수로 바꾸면 6/8이 되며, 5/8와 비교하면 6/8이 더 크므로 3/4이 더 큰 값이다.

이 방법이 가능한 이유는 분수가 전체를 몇 부분으로 나누었는지에 대한 비율을 나타내기 때문이다. 서로 다른 분모를 가진 분수라도 동일한 기준으로 환산하면 상대적인 크기를 정확히 비교할 수 있다.

분수 비교는 실생활에서도 자주 활용된다. 예를 들어 할인율이 다른 상품을 비교할 때, 요리에서 재료 비율을 조절할 때, 또는 지도 축척이나 연비를 이해할 때 분수의 크기를 비교하는 능력이 필요하다. 따라서 분수 비교는 일상적인 판단과 의사결정에 중요한 역할을 한다.

낮은 점수 답안

3/4이 더 커 보인다. 그러나 분모를 같게 하면 비교할 수 있다.

☆ **최상위권 답안 구조 템플릿**

Ⅰ. 문제 이해
두 분수 비교 필요
계산기 없이 판단

Ⅱ. 비교 방법
공통 분모 만들기
3/4 → 6/8 변환
6/8 vs 5/8 비교

Ⅲ. 결과 도출
6/8 > 5/8
3/4이 더 큼

Ⅳ. 방법이 가능한 이유
분수는 비율 표현
동일 기준으로 환산 가능
상대적 크기 비교 가능

Ⅴ. 실생활 적용
할인율 비교
요리 재료 비율
연비 비교
지도 축척 이해

Ⅵ. 결론
분수 비교는 같은 기준으로 환산하여 판단한다.

답안지

통계 수치가 현실을 왜곡할 수 있는 이유

어떤 회사가 "고객 만족도 95%"라고 광고했다.

① 이 수치만으로 제품 품질이 우수하다고 판단할 수 있는가?
② 추가로 확인해야 할 정보는 무엇인가?
③ 통계 수치가 오해를 불러올 수 있는 이유를 설명하시오.

높은 점수 답안

고객 만족도 95%라는 수치는 제품에 대한 긍정적 평가를 시사할 수 있으나, 이 수치만으로 제품 품질이 우수하다고 단정하기는 어렵다. 통계 결과는 조사 대상과 방법, 질문 구성 등에 따라 크게 달라질 수 있기 때문이다. 예를 들어 조사 대상이 소수이거나 특정 고객층에 편중되어 있다면 전체 소비자의 만족도를 대표한다고 보기 어렵다.

또한 만족도의 기준이 무엇인지, 선택지가 어떻게 구성되었는지, 응답자가 자발적으로 참여했는지 등의 요소도 결과에 영향을 미친다. 불만족 고객이 응답에 참여하지 않았거나, 긍정적인 응답을 유도하는 질문 방식이 사용되었다면 실제보다 높은 만족도가 나타날 수 있다.

이처럼 통계 수치는 조사 설계와 해석 방식에 따라 현실을 과장하거나 왜곡할 가능성이 있다. 따라서 통계를 이해할 때는 표본 규모와 대표성, 조사 방법, 질문 설계, 그리고 수치가 제시되는 맥락을 함께 검토하는 비판적 태도가 필요하다.

낮은 점수 답안

95%면 대부분 만족한 것이므로 좋은 제품이다. 그러나 어떻게 보면 만족도가 높다고 해서 반드시 제품 품질이 우수하다고 단정할 수는 없다. 조사 방법이나 대상에 따라 결과가 달라질 수 있기 때문이다.

☆ **최상위권 답안 구조 템플릿**

Ⅰ. 문제 이해
만족도 95% 의미
수치 해석의 필요성

Ⅱ. 수치만으로 판단 가능한가
긍정적 신호일 수 있음
단정적 판단은 어려움

Ⅲ. 추가로 확인해야 할 정보
1) 표본 관련
조사 대상 수
대표성 여부
2) 조사 방법
설문 방식
자발적 응답 여부
3) 질문 설계
질문 표현 방식
선택지 구성
4) 조사 맥락
조사 시점
조사 목적

Ⅳ. 통계가 왜곡될 수 있는 이유
표본 편향
질문 유도 효과
응답 편향
맥락 생략

Ⅴ. 결론
통계는 해석이 필요
비판적 이해가 중요

예비고등학생을 위한 수리논술과 인문논술 패턴훈련

문제 9

원의 넓이는 왜 πr^2일까?

원의 넓이 공식이 πr^2이 되는 이유를 직관적으로 설명하시오.

높은 점수 답안

원을 잘게 잘라 펴면 밑변 πr, 높이 r인 직사각형
→ 넓이 $= \pi r^2$

원을 여러 개의 부채꼴 모양으로 나눈 뒤 이를 번갈아 배열하면 직사각형에 가까운 모양을 만들 수 있다. 조각의 수가 많아질수록 이 도형은 점점 더 직사각형과 유사해진다. 이때 직사각형의 높이는 원의 반지름 r이 되고, 밑변은 원의 둘레의 절반에 해당하는 πr이 된다.

따라서 이 도형의 넓이는

밑변 $\times$ 높이 $= \pi r \times r = \pi r^2$이 되며, 이는 원의 넓이 공식과 일치한다.

즉, 원의 넓이는 원을 직사각형에 가깝게 변형하여 생각할 때 밑변이 πr, 높이가 r인 직사각형의 넓이로 이해할 수 있다.

낮은 점수 답안

원의 넓이 공식이 πr^2이기 때문이다. 원은 둥근 모양이기 때문에 넓이를 구할 때 π와 반지름을 이용한다.

☆ **최상위권 답안 구조 템플릿**

Ⅰ. 문제 이해
원의 넓이 공식

직관적 설명 필요

Ⅱ. 도형 분할
부채꼴로 나누기

재배열 가능

Ⅲ. 직사각형 형태로 변형
높이 = 반지름 r

밑변 = 원둘레의 절반 = πr

Ⅳ. 넓이 계산
밑변 × 높이

$\pi r \times r = \pi r^2$

Ⅴ. 결론
원의 넓이는 직사각형 넓이로 이해 가능

따라서 공식은 πr^2

답안지

답안지

주사위를 한 번 던져 짝수가 나오면 A가 이기고, 홀수가 나오면 B가 이기는 게임이 있다.
이 게임이 공정한지 판단하고, 그 이유를 확률 개념을 활용하여 설명하시오.

높은 점수 답안

공정한 게임이란 참여자들이 동일한 승리 확률을 갖는 경우를 의미한다. 주사위는 1부터 6까지의 숫자가 동일한 확률로 나오므로 각 숫자가 나올 확률은 1/6이다. 짝수는 2, 4, 6의 세 가지 경우이고 홀수는 1, 3, 5의 세 가지 경우이므로, A가 이길 확률은 3/6, B가 이길 확률도 3/6으로 같다.

따라서 두 사람의 승리 확률이 동일하므로 이 게임은 공정하다고 볼 수 있다. 공정한 게임은 결과가 우연에 의해 결정되더라도 참여자 간 승리 가능성이 균등하게 설계되어야 한다.

낮은 점수 답안

짝수와 홀수가 있으므로 공정하다. 또한 주사위에는 짝수와 홀수가 있으므로 두 사람이 이길 확률이 비슷하다.

☆ **최상위권 답안 구조 템플릿**

Ⅰ. 문제 이해
게임 규칙 파악
공정성 판단 필요

Ⅱ. 공정성의 기준
승리 확률의 동일성
우연성과 균형

Ⅲ. 경우의 수 분석
주사위 결과: 6가지
짝수: 3가지
홀수: 3가지

Ⅳ. 확률 계산
A 승리 확률 = 3/6
B 승리 확률 = 3/6

Ⅴ. 결론
두 확률이 같으므로 공정한 게임

문제 11

버스 도착 간격과 최소공배수

A버스는 12분마다, B버스는 18분마다 정류장에 도착한다.
두 버스가 같은 시각에 동시에 도착한 이후, 다시 동시에 도착하게 되는 시간 간격을 구하고 그 이유를 설명하시오.

높은 점수 답안

버스 도착은 일정한 시간 간격으로 반복되는 주기적 현상이므로 두 버스가 다시 동시에 도착하는 시점은 두 주기가 일치하는 때이다. 이러한 시점은 두 도착 간격의 공통 배수 중 가장 작은 값, 즉 최소공배수로 구할 수 있다.

A버스는 12분마다, B버스는 18분마다 도착하므로

12의 배수는 12, 24, 36, ⋯ 이고

18의 배수는 18, 36, ⋯ 이다.

두 수의 최소공배수는 36이므로, 두 버스는 동시에 도착한 이후 36분마다 다시 함께 도착한다.

낮은 점수 답안

12와 18의 공통 숫자를 찾으면 된다. 그래서 36이다.
또는 12분과 18분이 다르기 때문에 동시에 오기 어렵다.

☆ **최상위권 답안 구조 템플릿**

Ⅰ. 문제 이해
버스 도착 간격

동시에 도착하는 시점 찾기

Ⅱ. 주기 개념
반복되는 시간 간격

주기 일치 시점 필요

Ⅲ. 최소공배수 적용
12의 배수

18의 배수

공통 배수 탐색

Ⅳ. 결과 도출
최소공배수 = 36

36분마다 동시 도착

Ⅴ. 결론
반복 주기 문제는 최소공배수로 해결

답안지

어떤 상품에 대해 다음 두 가지 할인 방식이 제시되었다.

30% 할인 후 추가로 10% 할인
한 번에 40% 할인

두 할인 방식 중 어느 것이 더 저렴한지 설명하고, 그 이유를 비율 적용 원리를 통해 논하시오.

높은 점수 답안

연속 할인은 매 단계마다 남은 금액을 기준으로 적용되므로 단순히 할인율을 더해서 계산할 수 없다. 상품 가격을 100이라고 가정하면, 30% 할인 후 가격은 70이 되고, 여기에 다시 10% 할인을 적용하면 7이 추가로 할인되어 최종 가격은 63이 된다.

반면 한 번에 40% 할인을 적용하면 가격은 60이 된다. 따라서 30% 할인 후 10% 추가 할인은 전체 가격의 37% 할인 효과에 해당하며, 한 번에 40% 할인하는 경우가 더 저렴하다.

이처럼 연속 할인은 원래 가격이 아니라 할인 후 남은 금액을 기준으로 계산되기 때문에 할인율을 단순 합산할 수 없다.

낮은 점수 답안

30+10이 40이므로 같다. 즉 30%와 10%를 더하면 40%이므로 두 할인은 같다.

☆ **최상위권 답안 구조 템플릿**

Ⅰ. 문제 이해
두 할인 방식 비교
할인율 합산 가능 여부 검토

Ⅱ. 연속 할인 개념
매 단계 남은 금액 기준 적용
단순 합산 불가

Ⅲ. 수치 예시 비교
기준 가격 설정(예: 100)
30% → 70
추가 10% → 63
40% 할인 → 60

Ⅳ. 결과 분석
연속 할인 = 37% 할인 효과
단일 할인 = 40%

Ⅴ. 결론
40% 할인이 더 저렴
기준값 변화 때문에 차이 발생

문제 13

음수와 음수를 곱하면 양수가 된다는 규칙이 있다.
이 규칙이 왜 성립하는지 수의 규칙성과 연산의 일관성 관점에서 설명하시오.

높은 점수 답안

곱셈은 덧셈의 반복이라는 의미를 가지며, 수의 연산은 일관된 규칙성을 유지해야 한다. 예를 들어 3에 정수를 곱할 때 결과는 일정한 간격으로 변한다.

$3 \times 2 = 6, 3 \times 1 = 3, 3 \times 0 = 0, 3 \times (-1) = -3, 3 \times (-2) = -6$

이처럼 곱하는 수가 1씩 감소하면 결과도 일정하게 감소한다. 동일한 규칙을 유지하기 위해 -3을 곱하는 경우를 살펴보면

$(-3) \times 2 = -6$

$(-3) \times 1 = -3$

$(-3) \times 0 = 0$

여기서 규칙성을 유지하려면 다음 값은 3이 되어야 하므로

$(-3) \times (-1) = 3$이 된다.

이 규칙을 계속 적용하면 음수와 음수를 곱할 때 양수가 되어야 연산의 일관성이 유지된다.

따라서 음수 × 음수 = 양수라는 규칙은 임의로 정한 것이 아니라 수의 연산 규칙과 패턴을 유지하기 위해 필연적으로 성립하는 결과이다.

낮은 점수 답안

수학 공식이니까 그렇다. 음수와 음수를 곱하면 양수가 된다. 수학에서 그렇게 정해져 있기 때문이다.

☆ **최상위권 답안 구조 템플릿**

Ⅰ. 문제 이해
음수 곱셈 규칙
이유 설명 필요

Ⅱ. 곱셈의 의미
반복 덧셈
규칙성과 일관성

Ⅲ. 양수 곱셈 패턴 분석
수가 감소할 때 결과 변화
규칙 확인

Ⅳ. 음수 곱셈 적용
동일한 패턴 유지
결과 도출

Ⅴ. 규칙의 필연성
연산 일관성 유지
수 체계 유지

Ⅵ. 결론
음수 × 음수 = 양수는 규칙성을 유지하기 위한 필연적 결과

답안지

그래프 상승 = 이익 증가일까?

판매량은 증가했지만 회사 이익은 감소했다. 이것이 가능한 이유를 설명하시오.

높은 점수 답안

기업의 이익은 매출에서 총비용을 차감하여 계산되므로, 판매량 증가가 반드시 이익 증가로 이어지는 것은 아니다. 판매량이 증가하면 매출은 늘어날 수 있지만, 원자재 가격 상승, 인건비 증가, 물류비 확대, 설비 투자 등으로 총비용이 더 크게 증가할 경우 이익은 오히려 감소할 수 있다.

또한 판매 확대를 위해 가격 할인, 판촉 행사, 광고비 증가 등이 이루어지면 단위당 이익이 줄어들어 판매량 증가에도 불구하고 전체 수익성이 악화될 수 있다. 특히 시장 점유율 확대를 위해 낮은 가격 전략을 선택한 경우 매출 규모는 커지지만 이익률은 감소할 수 있다.

따라서 판매량 증가는 기업 성장의 한 지표일 수 있지만, 이익은 가격 전략, 비용 구조, 운영 효율성 등 다양한 요소에 의해 결정된다는 점에서 반드시 함께 증가한다고 볼 수는 없다.

낮은 점수 답안

많이 팔았는데 돈을 못 벌었다.

☆ **최상위권 답안 구조 템플릿**

Ⅰ. 문제 이해
판매량 증가 vs 이익 감소
이익 개념 이해 필요

Ⅱ. 이익의 구조
이익 = 매출 − 비용
매출 증가 ≠ 이익 증가

Ⅲ. 이익 감소 가능 원인
1) 비용 증가
원자재 가격 상승
인건비 증가
물류 및 운영 비용 증가
2) 가격 전략 변화
할인 판매
판촉 행사
시장 점유율 확대 전략
3) 추가 투자 및 고정비 증가
설비 투자
마케팅 비용 확대

Ⅳ. 수익성과 성장의 차이
매출 성장 vs 이익률
규모 확대의 한계

Ⅴ. 결론
판매량 증가는 기업 성장의 지표일 수 있지만, 비용 구조와 가격 전략에 따라 이익은 감소할 수 있다.

문제 15

물 1리터에 소금 100g을 넣어 소금물을 만들었다.
이때 소금물의 농도는 어떻게 결정되며, 물이나 소금의 양이 변할 때 농도가 달라지는 이유를 설명하시오.

높은 점수 답안

용액의 농도는 용액 전체에서 용질이 차지하는 비율에 의해 결정된다. 물 1리터에 소금 100g을 녹이면 소금은 용질, 물은 용매가 되어 소금물이 형성된다. 이때 농도는 용액 속 소금의 양을 전체 용액의 양과 비교하여 나타낸다.

소금의 양이 증가하면 용액에서 차지하는 용질의 비율이 커지므로 농도는 높아진다. 반대로 물의 양이 증가하면 용액 전체의 양이 늘어나면서 같은 양의 소금이 차지하는 비율이 줄어들어 농도는 낮아진다. 따라서 농도는 용질과 용매의 상대적인 비율에 따라 변화한다.

낮은 점수 답안

물을 넣으면 싱거워진다. 그러나 소금을 넣으면 짜지기 때문에 농도가 변한다.

☆ **최상위권 답안 구조 템플릿**

Ⅰ. 상황 이해
물 + 소금 → 용액 형성
용질과 용매 구분

Ⅱ. 농도의 개념
용액 속 용질의 비율
농도의 의미

Ⅲ. 농도 변화 원리
소금 증가 → 농도 증가
물 증가 → 농도 감소

Ⅳ. 비율 관점 설명
전체 양 대비 용질 비율
상대적 개념

Ⅴ. 결론
농도는 용질과 용매의 비율에 의해 결정된다.

답안지

서로 다른 4명의 학생을 한 줄로 배열하여 앉히려고 한다.
가능한 좌석 배치의 경우의 수를 구하고, 그 이유를 설명하시오.

높은 점수 답안

첫 자리에 4명, 다음 자리에 3명, 다음 2명, 마지막 1명이 앉을 수 있으므로 $4 \times 3 \times 2 \times 1 = 24$가지이다. 서로 다른 4명의 학생을 한 줄로 배열할 때 좌석의 순서가 결과에 영향을 미치므로 이는 순열 문제로 볼 수 있다. 첫 번째 자리에 앉을 수 있는 학생은 4명이며, 한 명이 앉고 나면 두 번째 자리에는 남은 3명, 세 번째 자리에는 2명, 마지막 자리에는 1명이 앉게 된다.

따라서 가능한 배열의 수는

$4 \times 3 \times 2 \times 1 = 24$가지이며, 이는 4명의 순열인 4!과 같다.

즉, 서로 다른 4명을 한 줄에 앉히는 경우의 수는 24가지이다.

낮은 점수 답안

여러 가지가 있다. 학생 4명을 한 줄로 앉히면 순서가 바뀔 수 있으므로 경우의 수는 24가지이다.

☆ **최상위권 답안 구조 템플릿**

Ⅰ. 문제 이해
서로 다른 학생 4명
순서가 중요함

Ⅱ. 개념 적용
순열 상황
자리 배치 방식

Ⅲ. 단계별 경우 분석
첫 자리: 4가지
둘째 자리: 3가지
셋째 자리: 2가지
넷째 자리: 1가지

Ⅳ. 계산
$4 \times 3 \times 2 \times 1 = 24$
4! 표현 가능

Ⅴ. 결론
총 경우의 수: 24가지

문제 17

동전을 5번 던졌을 때 모두 앞면이 나왔다.
이후 다음번에 동전을 던질 때 뒷면이 나올 가능성이 더 높아지는지 설명하시오
확률 개념을 활용하여 그 이유를 논하시오.

높은 점수 답안

동전을 던지는 각 시행은 서로 영향을 주지 않는 독립 사건이다. 이전에 앞면이 연속으로 다섯 번 나왔다 하더라도, 다음 시행의 결과는 이전 결과와 무관하게 결정된다. 동전이 공정하다면 매번 앞면과 뒷면이 나올 확률은 각각 1/2이다.

사람들은 앞면이 계속 나오면 다음에는 뒷면이 나올 가능성이 높다고 생각하기 쉽지만, 이는 과거 결과가 미래 확률에 영향을 준다고 믿는 '도박사의 오류'에 해당한다. 따라서 여섯 번째 시행에서도 뒷면이 나올 확률은 여전히 1/2이며 더 높아지지 않는다.

낮은 점수 답안

이제 뒷면이 나올 확률이 높다. 앞면이 많이 나왔으므로 이제 뒷면이 나올 가능성이 더 높은 것이다.

☆ **최상위권 답안 구조 템플릿**

Ⅰ. 상황 이해
동전 던지기 결과
확률 질문의 의미

Ⅱ. 확률 개념 정리
공정한 동전
앞면/뒷면 확률 = 1/2

Ⅲ. 독립 사건 설명
각 시행은 서로 영향 없음
이전 결과와 무관

Ⅳ. 오해 분석
연속 결과 → 균형 기대 심리
도박사의 오류 개념

Ⅴ. 결론
다음 결과 확률은 변하지 않음
뒷면 확률 = 1/2

답안지

문제 18

0.999…가 1과 같다는 주장이 있다.
이 명제가 왜 성립하는지 수학적 논리를 활용하여 설명하시오.

높은 점수 답안

0.999…를 x라고 두면 x = 0.999…이다. 양변에 10을 곱하면 10x = 9.999…가 된다. 이때 10x에서 x를 빼면 9.999… - 0.999… = 9가 되므로 9x = 9이고, 따라서 x = 1이다. 그러므로 0.999…는 1과 같은 값이다.

또한 0.999…는 0.9 + 0.09 + 0.009 + … 와 같은 무한등비급수로 표현되며, 이 급수의 합은 0.9 ÷ (1 - 0.1) = 1이 된다.

따라서 0.999…는 1보다 작은 수가 아니라 정확히 1과 같다.

낮은 점수 답안

거의 1이다. 0.999…를 x라고 두면

10x = 9.999…이다.

이때 10x - x = 9가 되므로 9x = 9이고 x = 1이다.

따라서 0.999… = 1이다.

☆ 최상위권 답안 구조 템플릿

Ⅰ. 문제 이해
0.999…의 의미
무한소수 개념

Ⅱ. 대수적 증명
x = 0.999… 설정
10x 연산
방정식 도출
x = 1 도출

Ⅲ. 급수 관점 설명
0.9 + 0.09 + 0.009 + …
무한등비급수
합 = 1

Ⅳ. 개념 정리
"끝없이 가까움"이 아닌 "동일한 값"
다른 표현 방식일 뿐

Ⅴ. 결론
0.999… = 1
무한소수 표현의 특성

문제 19

이동 거리 = 속도 × 시간

같은 거리를 이동할 때:

속도가 빨라지면 시간은 줄어듭니다.

속도가 느려지면 시간은 늘어납니다. 즉, 속도와 시간은 반비례 관계입니다.

어떤 사람이 일정한 거리를 이동한다고 가정하자. 이동 속도가 두 배로 증가하면 이동 시간은 어떻게 변하는가?

속도와 시간의 관계를 설명하고, 그 이유를 수식 또는 예시를 활용하여 논하시오.

높은 점수 답안

일정한 거리를 이동할 때 이동 시간은 속도에 의해 결정되며, 이 둘은 반비례 관계를 이룬다. 거리 = 속도 × 시간 이므로 거리가 일정한 경우 속도가 증가하면 시간은 그에 반비례하여 감소한다. 따라서 속도가 두 배로 증가하면 이동 시간은 절반으로 줄어든다. 예를 들어 시속 60km로 2시간 걸리는 거리를 시속 120km로 이동하면 1시간이 소요되는데, 이는 속도 증가가 시간 감소로 이어지는 반비례 관계를 보여 준다.

낮은 점수 답안

속도가 빨라지면 시간이 줄어든다. 그래서 속도가 두 배가 되면 시간은 줄어든다.

Ⅰ. 상황 이해
일정한 거리 이동 조건

Ⅱ. 개념 정리
거리 = 속도 × 시간
속도와 시간의 관계

Ⅲ. 관계 분석
거리가 일정할 때
속도 증가 → 시간 감소

Ⅳ. 핵심 결론
속도 2배 → 시간 1/2
반비례 관계 설명

Ⅴ. 예시 제시
실제 수치 예시
이해 보완

Ⅵ. 일반화
속도와 시간은 반비례 관계
다른 상황에도 적용 가능

답안지

게임은 참여자 간 경쟁과 협력을 통해 즐거움을 제공하는 활동이다. 그러나 규칙이 불공정하거나 특정 이용자에게 과도한 이익이 주어질 경우 게임의 신뢰와 흥미는 크게 저하될 수 있다.

게임을 공정하게 설계하기 위한 조건을 설명하시오.

높은 점수 답안

공정한 게임 설계는 단순히 동일한 규칙을 적용하는 것을 넘어, 참여자가 결과를 정당하게 받아들일 수 있도록 하는 구조를 만드는 과정이라 할 수 있다. 게임이 재미를 유지하기 위해서는 승패가 우연이나 외부 요인보다 플레이어의 선택과 전략, 기술에 의해 결정된다는 인식이 중요하다.

이를 위해 출발 조건의 균형이 보장되어야 하며, 규칙과 보상 구조는 투명하게 제시되어야 한다. 또한 과도한 유료 아이템이나 특정 이용자에게 유리한 요소가 결과에 영향을 미칠 경우 공정성에 대한 신뢰가 약화될 수 있다. 이용자의 숙련도에 맞는 매칭 시스템과 난이도 조절 역시 공정한 경쟁 환경을 조성하는 중요한 요소이다.

결국 공정한 게임은 모든 참여자가 동등한 조건에서 자신의 역량을 발휘할 수 있도록 설계될 때 지속적인 참여와 만족을 이끌어 낼 수 있다. 공정성은 게임의 규칙을 넘어 신뢰와 몰입을 형성하는 핵심 요소라 할 수 있다.

낮은 점수 답안

공평하면 된다. 게임은 모두에게 공평해야 한다. 규칙이 같아야 공정하다. 한쪽에 유리하면 재미가 없어진다.

☆ **최상위권 답안 구조 템플릿**

Ⅰ. 문제 제기
게임에서 공정성이 중요한 이유 - 확률과 연계하여

Ⅱ. 출발 조건의 균형
동일한 시작 조건
특정 이용자 우대 요소 배제

Ⅲ. 규칙, 확률의 명확성과 투명성
이해 가능한 규칙
결과에 대한 납득 가능성

Ⅳ. 실력 기반 경쟁 구조
전략과 기술 반영
우연 요소의 균형

Ⅴ. 공정성을 위협하는 요소
과도한 유료 요소
불균형 아이템
조작 가능성

Ⅵ. 이용자 경험과 공정성
숙련도 기반 매칭
난이도 균형
몰입도 유지

Ⅶ. 결론
공정한 게임 설계는 신뢰와 재미를 지속시키는 핵심 조건이다.

예비고등학생을 위한 수리논술과 인문논술 패턴훈련

제3장

인문논술 연습문제 및 패턴훈련

교육에서 역사·철학과 같은 인문 독서와 국어·영어·수학 중심 학습 중 어디에 더 무게를 두어야 하는지는 오랫동안 논쟁이 되어 온 문제이다. 국영수는 학업 성취와 입시 경쟁에서 핵심 과목으로 인식되는 반면, 역사와 철학 독서는 사고력과 가치관 형성에 중요한 역할을 한다. 따라서 어느 한쪽을 단순히 선택하기보다 두 영역이 담당하는 기능과 장기적 효과를 종합적으로 고려할 필요가 있다.

먼저 국어·영어·수학은 학습의 기초 도구로서 기능한다. 국어 능력은 모든 교과 학습의 이해력을 좌우하며, 영어는 국제적 정보 접근성과 미래 직업 환경에서 중요한 역할을 한다. 수학은 논리적 사고와 문제 해결 능력을 훈련하는 핵심 학문으로, 과학·기술 분야뿐 아니라 합리적 의사결정 능력 형성에도 기여한다. 특히 학업 평가 체계가 이 과목들을 중심으로 구성되어 있기 때문에 일정 수준 이상의 숙달은 현실적으로 필수적이다.

반면 역사와 철학 독서는 지식 습득을 넘어 사고의 깊이를 확장시키는 기능을 수행한다. 역사는 사회가 어떻게 형성되고 변화해 왔는지를 이해하게 함으로써 현재를 비판적으로 바라보는 시각을 길러 준다. 철학은 인간, 정의, 진리, 행복과 같은 근본적 질문을 탐구하게 하여 사고의 폭과 깊이를 확장시키며, 복잡한 문제를 다각도로 분석하는 능력을 키워 준다. 이러한 능력은 단순 지식 습득을 넘어 창의적 사고와 윤리적 판단을 요구하는 현대 사회에서 점점 더 중요해지고 있다.

두 영역의 관계를 학습 효과 측면에서 보면 상호 보완적이다. 국어 능력이 뛰어나야 인문 서적을 깊이 이해할 수 있으며, 인문 독서는 독해력과 표현력을 향상시켜 국어 능력을 강화한다. 수학이 논리적 구조 이해를 돕는다면 철학은 논증 능력과 개념적 사고를 확장시킨다. 역사적 맥락 이해는 사회 문제를 분석하는 능력을 높여 주며, 이는 비판적 사고력과 문제 해결 능력 향상으로 이어진다. 결국 기초 학습 역량과 인문학적 사고력은 서로를 강화하는 관계에 있다.

현대 사회가 요구하는 역량을 고려할 때, 단순한 지식 축적이나 문제 풀이 능력만으로는 충분하지 않다. 인공지능과 자동화 기술이 확산될수록 인간에게 요구되는 능력은 비판적 사고, 윤리적 판단, 창의적 문제 해결 능력, 그리고 복합적 상황을 이해하는 통찰력이다. 이러한 역량은 기초 학문 능력 위에 인문학적 성찰이 더해질 때 비로소 형성된다.

따라서 교육의 초점은 어느 한 영역을 배제하는 선택이 아니라, 기초 학문 역량을 탄탄히 구축하는 동시에 역사와 철학 독서를 통해 사고의 깊이와 시야를 확장하는 균형적 접근에 두어야 한다. 단기적 성취만을 목표로 할 경우 학습은 도구적 기능에 머물 수 있지만, 인문학적 독서가 결합될 때 학습은 세계를 이해하고 스스로 사고하는 능력을 기르는 과정으로 확장된다.

결론적으로 국영수는 학습과 사회 활동의 기초를 이루는 도구이며, 역사와 철학 독서는 인간과 사회를 이해하는 통찰을 제공한다. 미래 사회에서 요구되는 역량을 고려할 때, 두 영역은 대립적 선택의 대상이 아니라 상호 보완적 관계로 이해되어야 하며, 균형 있는 교육이 장기적으로 더 큰 학습 효과와 인간적 성장을 가능하게 한다.

일부 중학교에서는 쉬는 시간에도 스마트폰 사용을 금지하는 정책을 시행하고 있다. 학교 측은 학습 집중력 향상과 사이버 괴롭힘 예방을 이유로 제시하고 있다. 반면 학생과 학부모 일부는 이러한 조치가 개인의 자유와 자율성을 침해할 수 있다고 주장한다.

① 스마트폰 사용 제한의 긍정적 효과를 설명하시오.
② 학생의 자율성 측면에서 문제점을 제시하시오.
③ 규제와 자율성 사이의 바람직한 균형 방안을 제시하시오.

높은 점수 답안

스마트폰은 청소년의 일상적 소통과 정보 접근의 중요한 도구로 자리 잡았지만, 과도한 사용은 학습 집중력 저하와 또래 간 직접적 상호작용 감소를 초래할 수 있다. 쉬는 시간까지 스마트폰 사용이 지속될 경우 학생들은 온라인 콘텐츠에 몰입하게 되고, 이는 휴식 시간의 회복 기능과 사회적 교류 경험을 약화시킬 가능성이 있다. 또한 온라인 메시지나 SNS를 통한 갈등이 즉각적으로 확산될 수 있다는 점에서 사용 제한은 사이버 괴롭힘 예방 측면에서도 일정한 효과를 가질 수 있다.

그러나 일률적인 금지 정책은 학생들이 스스로 디지털 기기 사용을 조절하고 책임감 있는 사용 습관을 형성할 기회를 제한할 수 있다. 청소년기는 자율성과 자기 통제 능력을 발달시키는 시기이므로, 지나친 규제는 오히려 규칙에 대한 반발과 비공식적 사용을 증가시킬 위험도 있다.

따라서 중요한 것은 금지 자체가 아니라 목적에 맞는 관리 방식이라 할 수 있다. 학습 시간과 휴식 시간의 구분을 명확히 하고, 디지털 시민성 교육을 통해 책임 있는 사용 태도를 기르며, 일정 범위 내 자율적 사용 규칙을 학생들과 함께 마련하는 방식은 규제와 자율성 사이의 균형을 이루는 현실적인 대안이 될 수 있다.

낮은 점수 답안

스마트폰을 제한하면 공부에 집중할 수 있다. 하지만 학생들의 자유를 제한할 수 있다. 그래서 적절히 조절해야 한다.

☆ **최상위권 답안 구조 템플릿**

Ⅰ. 문제 제기
학교에서 스마트폰 사용 규제가 논의되는 배경

Ⅱ. 사용 제한의 긍정적 효과
학습 집중력 향상
또래 간 직접 소통 증가
사이버 괴롭힘 예방
휴식 시간의 회복 기능 강화

Ⅲ. 자율성 측면의 문제
자기 통제 능력 발달 기회 제한
개인 선택권 침해 인식
규제에 대한 반발 가능성

Ⅳ. 청소년 발달 관점
자율성 형성 시기
책임 있는 디지털 사용 습관 필요

Ⅴ. 균형적 접근 필요성
금지 중심 → 관리 중심
규칙과 자율의 조화

Ⅵ. 바람직한 방안
학습 시간 사용 제한, 휴식 시간 제한적 허용
디지털 시민성 교육 강화
학생 참여 규칙 제정
책임 기반 사용 문화 형성

Ⅶ. 결론
스마트폰 규제는 통제가 아니라 책임 있는 사용 문화를 형성하는 방향으로 운영되어야 한다.

  예비고등학생을 위한 수리논술과 인문논술 패턴훈련

답안지

최근 학생들이 숙제를 수행하는 과정에서 인공지능을 활용하는 사례가 증가하고 있다. 일부 교사는 이러한 현상이 학생들의 사고력 저하를 초래할 수 있다고 우려하는 반면, 다른 교사들은 인공지능 활용 능력이 미래 사회에서 요구되는 핵심 역량이라고 주장한다.

인공지능을 활용한 숙제 수행이 학습에 미치는 영향을 분석하고, 바람직한 활용 방향을 논하시오.

높은 점수 답안

인공지능의 발전은 정보 탐색과 문제 해결 방식에 근본적인 변화를 가져오고 있으며, 학습 환경 역시 이러한 변화 속에서 재구성되고 있다. AI를 활용하면 학생들은 방대한 자료를 신속하게 탐색하고 다양한 관점을 접할 수 있으며, 이는 이해의 폭을 넓히고 학습 접근성을 향상시키는 데 기여할 수 있다.

그러나 학습 과정에서 AI가 사고 과정을 대체하는 방식으로 사용될 경우, 문제를 분석하고 스스로 해결하는 능력이 약화될 위험이 있다. 학습의 핵심은 정답을 도출하는 결과가 아니라, 질문을 탐구하고 논리를 구성하는 과정에 있기 때문이다. AI가 제공하는 결과를 그대로 수용하는 태도는 비판적 사고와 창의적 문제 해결 능력의 발달을 저해할 수 있다.

그럼에도 불구하고 AI 활용 능력은 미래 사회에서 중요한 역량으로 자리 잡고 있다. 중요한 것은 AI 사용을 금지하는 것이 아니라, AI를 탐구 도구로 활용하며 결과를 비판적으로 검토하고 자신의 생각으로 재구성하는 학습 태도를 형성하는 것이다. 교사는 AI 활용 윤리와 비판적 사고 교육을 병행함으로써, 학생들이 기술을 수동적으로 소비하는 것이 아니라 능동적으로 활용하도록 지도할 필요가 있다.

낮은 점수 답안

AI를 사용하면 숙제를 쉽게 할 수 있다. 하지만 스스로 생각하지 않게 될 수도 있다. 그래서 AI를 적절히 사용해야 한다.

☆ **최상위권 답안 구조 템플릿**

Ⅰ. 문제 제기
AI 확산과 학습 방식의 변화

Ⅱ. AI 활용의 긍정적 영향
정보 접근성 향상
학습 효율 증대
다양한 관점 탐색 가능

Ⅲ. AI 의존의 위험성
사고 과정 약화
문제 해결 능력 저하
비판적 사고 감소

Ⅳ. 학습의 본질
이해 중심 학습
탐구와 사고 과정의 중요성

Ⅴ. 미래 역량과 AI 활용
디지털 리터러시
비판적 활용 능력
정보 해석 능력

Ⅵ. 바람직한 활용 방향
보조 도구로 활용
결과 비판적 검토
AI 윤리 교육
자기 생각으로 재구성

Ⅶ. 결론
AI는 사고를 대신하는 도구가 아니라 사고를 확장하는 도구로 활용될 대 학습에 기여한다.

예비고등학생을 위한 수리논술과 인문논술 패턴훈련

경쟁은 개인과 조직의 성과를 높이고 혁신을 촉진하는 원동력으로 평가되기도 한다. 그러나 과도한 경쟁은 사회적 갈등과 불평등 심화, 심리적 부담을 초래할 수 있다는 비판도 제기된다.

① 경쟁의 긍정적 역할을 설명하시오.
② 과도한 경쟁이 초래할 수 있는 문제점을 제시하시오.
③ 건강한 경쟁 환경을 조성하기 위한 방안을 제시하시오.

높은 점수 답안

경쟁은 개인과 조직이 성과를 향상시키고 혁신을 추구하도록 만드는 중요한 사회적 동력이다. 경쟁 환경 속에서 개인은 자신의 역량을 발전시키고 목표 달성을 위한 동기를 얻으며, 기업 간 경쟁은 기술 발전과 효율성 향상을 촉진함으로써 사회 전반의 생산성과 삶의 질 향상에 기여한다.

그러나 경쟁이 과도하게 심화될 경우 성과 중심 가치가 강화되면서 협력과 신뢰가 약화될 수 있다. 지속적인 비교와 평가 구조는 개인에게 심리적 부담과 불안을 증가시키고, 실패를 배제의 경험으로 인식하게 만들 위험이 있다. 또한 경쟁이 공정하지 않다고 인식될 경우 사회적 갈등과 불신이 확대될 수 있다.

따라서 경쟁이 사회 발전에 기여하기 위해서는 공정한 규칙과 기회의 보장이 전제되어야 하며, 협력과 상호 지원을 병행하는 환경이 조성될 필요가 있다. 성과뿐 아니라 과정과 다양성을 존중하는 문화 속에서 경쟁은 개인의 성장과 사회적 발전을 동시에 촉진하는 긍정적 동력으로 기능할 수 있다.

낮은 점수 답안

경쟁은 발전에 도움이 되지만 너무 심하면 안 좋다. 하지만 경정은 사람들이 더 열심히 노력하게 만든다. 하지만 경쟁이 심하면 스트레스를 받는다. 그래서 적당한 경쟁이 필요하다.

☆ **최상위권 답안 구조 템플릿**

Ⅰ. 문제 제기
현대 사회에서 경쟁이 중요한 이유

Ⅱ. 경쟁의 긍정적 역할
동기 부여 및 자기 발전
혁신과 효율성 향상
사회 발전 촉진

Ⅲ. 과도한 경쟁의 문제점
심리적 스트레스 증가
협력과 공동체 의식 약화
실패에 대한 낙인과 배제
불공정 경쟁 시 갈등 심화

Ⅳ. 경쟁과 협력의 관계
경쟁 속 협력 필요성
공동 목표 달성을 위한 협력

Ⅴ. 건강한 경쟁 환경 조성 방안
공정한 규칙과 기회 보장
과정 중심 평가
협력적 문화 조성
실패에 대한 재도전 기회 제공

Ⅵ. 지속 가능한 발전과 경쟁
다양성 존중
신뢰 기반 사회

Ⅶ. 결론
경쟁은 공정성과 협력이 뒷받침될 때 사회 발전의 긍정적 동력이 된다.

답안지

문제 4

교복은 학생들의 소속감을 강화하고 복장 차이로 인한 위화감을 줄이기 위해 도입된 제도이다. 그러나 개성 표현을 제한하고 불편함을 초래한다는 이유로 교복 착용의 필요성에 대한 논의도 지속되고 있다.

교복 착용이 학생 생활에 미치는 영향을 찬반 관점에서 논하시오.

높은 점수 답안

교복은 학생 간 경제적 격차를 완화하고 학교 공동체의 소속감을 강화하는 긍정적 역할을 한다. 또한 옷차림에 대한 고민을 줄여 학습에 집중할 수 있도록 돕는다.

그러나 교복은 개성을 표현할 기회를 제한할 수 있으며, 불편한 디자인이나 계절에 맞지 않는 착용 규정은 학생 생활의 불편을 초래하기도 한다.

따라서 기본적인 교복 착용 원칙을 유지하되 계절별 선택권 확대나 디자인 개선을 통해 학생의 편의와 개성을 존중하는 방향이 바람직하다.

낮은 점수 답안

교복은 학생들이 같은 옷을 입어서 좋다. 하지만 불편하고 개성을 표현하기 어렵다. 그래서 교복은 장점과 단점이 있다고 생각한다.

왜 점수가 낮을까?

단순 나열 수준
학교 생활과의 연결 부족
사회적 의미 분석 부족
즉, 읽고 나면 깊이 있는 논의가 보이지 않는다.

☆ 최상위권 답안 구조 템플릿

Ⅰ. 문제 제기
교복 제도가 유지되는 이유와 논쟁의 배경

Ⅱ. 교복의 긍정적 영향
소속감 형성
경제적 격차 완화
복장 선택 부담 감소

Ⅲ. 교복의 부정적 영향
개성 표현 제한
활동성과 편의성 문제
획일적 문화 형성 가능성

Ⅳ. 청소년기 발달 특성과 교복
자아 정체성 형성
자기 표현 욕구

Ⅴ. 균형적 접근
공동체 가치 유지
개인 표현 존중

Ⅵ. 개선 방향
기능성 개선
자율적 착용 규정
학생 의견 반영

Ⅶ. 결론
교복은 공동체 질서를 유지하는 장치이면서, 다양성을 존중하는 방향으로 발전할 필요가 있다.

SNS 사용은 청소년에게 또래와 소통하고 자신을 표현할 수 있는 새로운 공간을 제공하고 있다. 그러나 타인과의 비교, 과도한 관심 추구, 부정적 피드백 경험 등은 자존감 형성에 부정적인 영향을 미칠 수 있다는 우려도 제기된다.

SNS 사용이 청소년 자존감 형성에 미치는 긍정적 · 부정적 영향을 논하시오.

높은 점수 답안

청소년기는 자아 정체성과 자기 가치감이 형성되는 중요한 시기이며, 또래 관계는 자존감 형성에 핵심적인 영향을 미친다. SNS는 이러한 발달 과정 속에서 또래와의 연결을 확장하고 자신을 표현할 수 있는 새로운 공간을 제공한다. 온라인 상호작용을 통해 청소년은 사회적 지지와 인정 경험을 얻을 수 있으며, 이는 자기 효능감과 소속감 형성에 긍정적으로 작용할 수 있다.

그러나 SNS 환경은 타인의 삶을 선택적으로 보여 주는 특성을 지니기 때문에 비교 중심 인식을 강화할 위험도 존재한다. 이상화된 이미지와 성취를 지속적으로 접할 경우, 청소년은 자신의 현실과 비교하며 상대적 박탈감을 경험할 수 있다. 또한 '좋아요'와 같은 반응 지표에 대한 의존은 자기 가치 판단을 외부 평가에 맡기게 만들어 자존감의 안정성을 약화시킬 수 있다.

결국 SNS는 청소년 자존감 형성에 긍정적 자원이 될 수도, 부정적 압력으로 작용할 수도 있는 양면적 환경이라 할 수 있다. 자존감을 건강하게 형성하기 위해서는 SNS를 자기 표현과 소통의 도구로 활용하되, 비교와 외부 평가에 과도하게 의존하지 않도록 돕는 미디어 교육과 성찰적 사용 태도가 필요하다.

낮은 점수 답안

SNS는 좋을 때도 있지만 비교하게 되면 자존감이 낮아질 수 있다. SNS는 친구들과 소통할 수 있어서 좋다. 하지만 다른 사람들과 비교하게 되어 자존감이 낮아질 수 있다. 그래서 SNS를 적절히 사용하는 것이 중요하다.

☆ 최상위권 답안 구조 템플릿

Ⅰ. 문제 제기
청소년기와 SNS 사용의 확대

Ⅱ. 청소년 자존감 형성의 특징
또래 관계의 중요성
인정과 소속감의 역할

Ⅲ. SNS의 긍정적 영향
사회적 연결감 형성
자기 표현 기회 제공
사회적 지지 경험

Ⅳ. SNS의 부정적 영향
비교 심리 강화
외부 평가 의존
부정적 피드백 경험

Ⅴ. 자존감 형성에 미치는 영향
긍정적 인정 경험 → 자존감 강화
비교와 평가 중심 사용 → 자존감 약화

Ⅵ. 바람직한 사용 방향
자기 표현 중심 활용
비교 인식 조절
미디어 리터러시 교육

Ⅶ. 결론
SNS는 청소년 자존감 형성에 영향을 미치는 양면적 환경이며, 사용 방식에 따라 그 결과가 달라진다.

답안지

온라인 수업은 시간과 공간의 제약 없이 학습할 수 있는 환경을 제공하며 빠르게 확산되고 있다. 반면 대면 수업은 교사와 학생 간의 직접적인 상호작용을 통해 깊이 있는 학습 경험을 제공한다는 점에서 여전히 중요한 교육 방식으로 평가된다.

온라인 수업과 대면 수업의 장단점을 비교하고, 바람직한 활용 방향을 제시하시오.

높은 점수 답안

온라인 수업과 대면 수업은 단순히 학습 방식의 차이를 넘어 학습 경험의 성격을 다르게 형성한다. 온라인 수업은 물리적 제약을 제거함으로써 교육 접근성을 확대하고, 학습자가 자신의 속도에 맞춰 학습할 수 있는 자율성을 제공한다. 이러한 환경은 자기 주도 학습 능력을 강화하는 데 유리하다.

그러나 학습 과정에서의 상호작용이 제한될 경우 학습자는 소속감과 동기 부여 측면에서 어려움을 겪을 수 있으며, 즉각적인 질문과 피드백이 어려울 때 이해의 깊이가 제한될 가능성도 존재한다.

반면 대면 수업은 교사와 학습자, 그리고 학습자 간 상호작용을 통해 학습 공동체를 형성하고, 토론과 협력을 통해 사고를 확장하는 경험을 제공한다. 이러한 상호작용은 지식 습득을 넘어 사회적 의사소통 능력과 협력 역량을 기르는 데 중요한 역할을 한다.

결국 두 방식은 우열의 문제가 아니라 학습 목적과 상황에 따라 다르게 활용되어야 한다. 개념 이해와 반복 학습에는 온라인 수업이 효과적일 수 있으며, 토론·협력·심화 학습에는 대면 수업이 더욱 적합하다. 두 방식을 유기적으로 결합한 혼합형 학습은 접근성과 상호작용을 동시에 확보할 수 있는 현실적인 대안이 될 수 있다.

낮은 점수 답안

온라인 수업은 편하고 대면 수업은 집중이 잘 된다. 온라인 수업은 집에서 편하게 들을 수 있어서 좋다. 하지만 집중하기 어렵다. 대면 수업은 선생님과 직접 만나서 공부할 수 있어 좋지만 이동이 불편하다. 그래서 상황에 따라 선택하면 좋다.

☆ **최상위권 답안 구조 템플릿**

Ⅰ. 문제 제기
교육 환경 변화와 수업 방식의 다양화

Ⅱ. 온라인 수업의 장점
접근성 확대
자기 주도 학습 가능
반복 학습 및 콘텐츠 활용

Ⅲ. 온라인 수업의 한계
상호작용 제한
집중력 저하 가능성
자기 관리 의존

Ⅳ. 대면 수업의 장점
즉각적 피드백
학습 공동체 형성
토론과 협력 학습

Ⅴ. 대면 수업의 한계
시간 · 공간 제약
학습 유연성 부족

Ⅵ. 바람직한 활용 방향
목적에 따른 선택
혼합형 학습 모델
학습 경험의 질 향상

Ⅶ. 결론
온라인과 대면 수업은 경쟁 관계가 아니라 상호 보완적 교육 방식이다.

문제 7

광고는 우리의 선택을 얼마나 바꾸는가? 현대 사회에서 광고는 제품 정보 전달을 넘어 소비자의 욕구와 이미지를 형성하는 중요한 역할을 한다. 다양한 매체를 통해 전달되는 광고는 소비자의 선택에 영향을 미치기도 하지만, 개인의 자율적 판단이 여전히 중요하다는 주장도 존재한다.

광고가 소비자의 인식과 선택에 미치는 영향을 설명하시오.
광고가 개인의 소비 행동을 변화시키는 방식과 한계를 분석하시오.
광고 환경 속에서 합리적 선택을 하기 위한 태도를 논하시오.

높은 점수 답안

광고는 단순히 제품 정보를 전달하는 것을 넘어 소비자의 인식과 욕구 형성에 영향을 미친다. 광고는 특정 이미지를 통해 제품을 긍정적인 경험이나 가치와 연결시키며, 이를 통해 소비자가 제품에 대해 호의적인 태도를 형성하도록 유도한다. 예를 들어 건강, 성공, 행복과 같은 이미지를 강조하는 광고는 소비자가 제품을 이러한 가치와 연관 지어 인식하게 만든다.

그러나 광고가 소비자의 선택을 완전히 결정하는 것은 아니다. 개인의 경제적 여건, 실제 필요성, 그리고 기존 경험은 구매 결정에 중요한 영향을 미친다. 또한 소비자가 광고 메시지를 비판적으로 해석할 경우 광고의 설득 효과는 제한될 수 있다.

따라서 광고는 소비자의 선택에 영향을 미치는 중요한 요소이지만, 최종적인 결정은 개인의 판단과 상황 속에서 이루어진다고 볼 수 있다.

낮은 점수 답안

광고는 사람들이 물건을 사게 만든다. 광고는 사람들이 물건을 사도록 만든다. 광고를 보면 사고 싶은 마음이 생긴다. 하지만 광고에 속지 않도록 조심해야 한다. 그래서 광고를 비판적으로 봐야 한다.

☆ 최상위권 답안 구조 템플릿

Ⅰ. 문제 제기
현대 사회에서 광고의 영향력이 커진 배경

Ⅱ. 광고의 기능
정보 전달
이미지 형성
욕구 자극

Ⅲ. 광고가 선택에 미치는 영향
긍정적 인식 형성
감정적 연결
소비 욕구 유도

Ⅳ. 광고 영향의 한계
경제적 조건
실제 필요성
개인 경험과 가치관

Ⅴ. 소비자의 역할
비판적 해석
자율적 선택
합리적 소비 태도

Ⅵ. 광고 환경 속 선택의 의미
가치 기준 형성
소비 문화와 사회 영향

Ⅶ. 결론
광고는 선택에 영향을 미치지만, 최종 결정은 개인의 판단과 가치에 의해 이루어진다.

답안지

시간 관리는 왜 중요한가? 현대 사회는 빠른 변화와 다양한 요구 속에서 개인에게 높은 효율성과 생산성을 요구하고 있다. 이러한 환경 속에서 시간 관리는 학업과 업무 수행뿐 아니라 삶의 균형과 자기 계발을 위해 중요한 요소로 강조되고 있다.

시간 관리가 개인의 삶과 성취에 미치는 영향을 설명하시오.
시간 관리 부족이 초래할 수 있는 문제를 분석하시오.
효과적인 시간 관리가 삶의 질 향상에 기여하는 이유를 논하시오.

높은 점수 답안

시간은 누구에게나 동일하게 주어지지만, 그 활용 방식에 따라 삶의 경험과 성취의 질은 크게 달라질 수 있다. 시간 관리는 단순한 일정 관리의 문제가 아니라, 개인이 무엇을 중요하게 여기고 어떤 삶을 살아가고자 하는지를 보여 주는 선택의 과정이라 할 수 있다.

효과적인 시간 관리는 우선순위를 분명히 하고 중요한 일에 집중할 수 있도록 도와주며, 과도한 과업 부담을 줄여 심리적 안정감을 형성하는 데 기여한다. 반대로 시간 사용이 무계획적으로 이루어질 경우 해야 할 일이 누적되면서 스트레스와 자기 효능감 저하로 이어질 수 있다.

또한 시간 관리는 생산성 향상뿐 아니라 삶의 균형을 유지하는 데 중요한 역할을 한다. 일과 휴식, 자기 계발과 인간관계에 시간을 적절히 배분할 때 개인은 지속 가능한 삶의 만족을 경험할 수 있다. 결국 시간 관리는 효율성을 높이기 위한 기술을 넘어, 삶의 방향과 균형을 스스로 조율하는 능력이라 할 수 있다.

낮은 점수 답안

시간 관리는 중요하다. 시간을 잘 관리하면 공부도 잘할 수 있고 일을 효율적으로 할 수 있다. 시간을 낭비하면 할 일을 하지 못한다. 그래서 시간을 잘 관리해야 한다.

☆ **최상위권 답안 구조 템플릿**

Ⅰ. 문제 제기
현대 사회에서 시간 관리가 중요해진 배경

Ⅱ. 시간 관리의 의미
제한된 자원의 효율적 활용
우선순위 설정

Ⅲ. 시간 관리의 긍정적 효과
목표 달성 능력 향상
집중력 강화
스트레스 감소

Ⅳ. 시간 관리 부족의 문제
과업 누적
심리적 부담 증가
자기 효능감 저하

Ⅴ. 삶의 균형과 시간 관리
일과 휴식의 조화
자기 계발과 관계 형성

Ⅵ. 시간 관리의 본질
선택과 가치 반영
삶의 방향 설정

Ⅶ. 결론
시간 관리는 효율성을 넘어 삶의 균형과 만족을 가능하게 하는 능력이다.

사회에서 자원을 분배하거나 기회를 제공할 때 '평등'과 '공정함'이라는 개념이 자주 사용된다. 평등은 모든 사람에게 동일한 조건을 제공하는 것을 의미하는 반면, 공정함은 개인의 상황과 필요를 고려하여 균형 있게 기회를 배분하는 것을 의미하기도 한다.

평등과 공정함의 개념적 차이를 설명하시오.
두 원칙이 실제 사회에서 어떻게 다르게 적용될 수 있는지 사례를 통해 분석하시오.
정의로운 사회를 위해 두 원칙이 어떻게 조화되어야 하는지 논하시오.

높은 점수 답안

평등과 공정함은 모두 정의로운 사회를 구성하는 중요한 원칙이지만, 동일한 의미로 사용될 수는 없다. 평등은 모든 사람에게 동일한 기준과 권리를 적용함으로써 차별을 방지하는 원칙이다. 이러한 원칙은 법과 제도의 운영에서 필수적이며, 사회 구성원 간 기본적인 권리 보장을 가능하게 한다.

그러나 개인의 사회적 조건과 출발점이 서로 다른 현실 속에서 동일한 기준을 적용하는 것만으로는 실질적인 기회의 균형을 보장하기 어렵다. 이 지점에서 공정함의 원칙이 중요해진다. 공정함은 개인의 상황과 필요를 고려하여 균형 있게 기회를 제공함으로써 결과의 불균형을 완화하려는 접근이라 할 수 있다.

예를 들어 동일한 교육 기회를 제공하는 것은 평등의 원칙에 해당하지만, 교육 격차를 줄이기 위한 추가 지원 정책은 공정성을 실현하기 위한 조치라고 볼 수 있다. 결국 평등이 형식적 기준의 적용이라면, 공정함은 실질적 기회의 균형을 지향하는 원칙이라 할 수 있다.

정의로운 사회는 평등을 통해 기본 권리를 보장하고, 공정함을 통해 구조적 불균형을 완화함으로써 두 원칙을 조화롭게 실현할 때 가능하다.

낮은 점수 답안

평등과 공정함은 비슷한 의미라고 생각한다. 모두 사람들을 차별하지 않고 대하는 것이다. 모든 사람에게 똑같이 대하는 것이 공정한 사회라고 생각한다.

☆ **최상위권 답안 구조 템플릿**

Ⅰ. 문제 제기
평등과 공정함이 혼용되는 이유

Ⅱ. 평등의 의미
동일한 기준 적용
차별 방지
기본 권리 보장

Ⅲ. 공정함의 의미
상황과 필요 고려
실질적 기회 균형
결과 불균형 완화

Ⅳ. 적용 방식의 차이
법과 제도 → 평등
사회 정책 → 공정성

Ⅴ. 사례 분석
교육 지원
복지 정책
장애인 편의시설

Ⅵ. 조화의 필요성
평등만으로는 불충분
공정성만으로는 기준 모호
상호 보완적 관계

Ⅶ. 결론
정의로운 사회는 평등과 공정함이 조화를 이룰 때 가능하다.

답안지

사람은 자신의 꿈과 이상을 추구하며 살아가지만, 동시에 현실적 조건과 책임 속에서 선택을 해야 한다. 어떤 사람들은 꿈을 향해 도전하는 삶이 중요하다고 주장하는 반면, 다른 사람들은 안정과 현실적 여건을 고려한 선택이 더 중요하다고 본다.

꿈과 현실이 개인의 삶에서 가지는 의미를 설명하시오.
꿈을 추구하는 태도와 현실적 판단 사이의 관계를 분석하시오.
개인의 삶에서 꿈과 현실이 조화를 이루기 위한 방향을 제시하시오.

높은 점수 답안

꿈과 현실을 서로 선택해야 하는 대립적 개념으로 이해하는 것은 인간의 삶을 지나치게 단순화하는 접근일 수 있다. 꿈은 개인이 추구하는 가치와 가능성을 보여 주며 삶의 방향성을 제시한다는 점에서 중요한 의미를 지닌다. 꿈이 없다면 현재의 노력은 단기적 생존을 넘어서는 의미를 갖기 어려울 것이다.

그러나 현실은 개인이 살아가는 조건과 책임을 반영하는 영역이며, 꿈을 지속 가능하게 만드는 토대이기도 하다. 현실을 고려하지 않은 꿈은 실행 가능성을 상실하기 쉽고, 좌절로 이어질 가능성도 크다. 반대로 현실만을 기준으로 선택할 경우 안정은 얻을 수 있지만 삶의 만족과 자기 실현의 기회를 제한할 수 있다.

결국 중요한 것은 꿈과 현실 중 어느 하나를 선택하는 일이 아니라, 현실을 기반으로 꿈을 실현 가능한 형태로 발전시키는 과정이라 할 수 있다. 꿈이 방향을 제시하고 현실이 실행의 조건을 제공할 때 개인은 보다 지속적이고 의미 있는 삶을 살아갈 수 있다.

낮은 점수 답안

꿈이 중요하지만 현실도 중요하다. 나는 꿈이 더 중요하다고 생각한다. 꿈이 있어야 삶의 목표가 생기고 열심히 노력할 수 있다. 현실만 생각하면 도전할 수 없다. 그래서 꿈을 따라 사는 것이 중요하다.

☆ **최상위권 답안 구조 템플릿**

Ⅰ. 문제 제기
꿈과 현실의 갈등이 발생하는 이유

Ⅱ. 꿈의 의미
삶의 방향 제시
동기와 희망 제공
자기 실현의 기반

Ⅲ. 현실의 의미
경제적 조건
사회적 책임
지속 가능한 삶

Ⅳ. 꿈 중심 선택의 한계
실행 가능성 부족
좌절 위험

Ⅴ. 현실 중심 선택의 한계
삶의 만족 감소
자기 실현 기회 제한

Ⅵ. 조화로운 접근
현실 기반 위의 꿈 실현
단계적 목표 설정
지속 가능한 도전

Ⅶ. 결론
꿈은 방향을 제시하고 현실은 실행을 가능하게 한다.

예비고등학생을 위한 수리논술과 인문논술 패턴훈련

문제 11

디지털 미디어의 확산으로 정보에 접근하는 방식이 빠르게 변화하고 있다. 짧은 영상과 요약 정보가 일상화되면서 독서의 필요성이 줄어들었다는 주장도 있다. 그러나 독서는 사고력과 이해력을 심화시키고 인간의 내면 성장을 돕는 중요한 활동이라는 견해도 여전히 강조되고 있다.

독서가 개인의 사고와 이해에 미치는 영향을 설명하시오.
디지털 정보 환경 속에서 독서의 역할과 의미를 분석하시오.
오늘날 독서가 여전히 중요한 이유를 자신의 관점에서 논하시오.

높은 점수 답안

독서는 정보를 습득하는 수단에 그치지 않고, 세계를 이해하는 방식 자체를 형성하는 과정이다. 독자는 글을 읽으며 단순히 내용을 받아들이는 것이 아니라, 저자의 논리를 따라가고 의미를 해석하며 자신의 경험과 연결한다. 이러한 과정은 복합적인 사고 능력을 형성하고, 단편적 정보에 쉽게 흔들리지 않는 판단력을 길러 준다.

특히 문학과 인문적 텍스트를 통한 독서는 타인의 삶과 감정을 간접적으로 경험하게 하여 공감 능력을 확장시키고, 인간과 사회에 대한 이해를 깊게 만든다. 이는 다양한 가치가 공존하는 사회에서 타인을 이해하고 협력하는 데 중요한 토대가 된다.

정보가 빠르게 소비되는 디지털 환경에서는 즉각적인 이해와 자극적인 정보에 익숙해지기 쉽다. 이러한 환경 속에서 독서는 느린 사고와 깊은 성찰을 가능하게 하며, 인간이 스스로 생각하고 판단하는 힘을 유지하도록 돕는다. 결국 독서는 지식을 축적하는 행위를 넘어, 사고의 깊이와 인간 이해의 폭을 넓히는 과정이라 할 수 있다.

낮은 점수 답안

책을 읽으면 도움이 된다. 독서는 지식을 얻기 위해 중요하다. 책을 읽으면 많은 정보를 알 수 있고 공부에 도움이 된다. 또한 독서는 상상력을 키워 준다. 그래서 독서는 중요하다고 생각한다.

☆ **최상위권 답안 구조 템플릿**

Ⅰ. 문제 제기
디지털 정보 환경 속에서 독서의 의미

Ⅱ. 독서와 사고 능력
이해와 해석 과정
비판적 사고 형성

Ⅲ. 독서와 인간 이해
공감 능력 확장
타인의 삶 이해

Ⅳ. 디지털 환경과 독서
정보의 속도 vs 사고의 깊이
단편적 정보 소비의 한계

Ⅴ. 독서의 현대적 의미
깊이 있는 사고 유지
자율적 판단 능력 형성

Ⅵ. 개인 성장과 사회적 의미
성찰 능력
타인 이해와 협력

Ⅶ. 결론
독서는 지식 습득을 넘어 사고의 깊이와 인간 이해를 확장하는 과정이다.

답안지

기후 변화와 환경 오염 문제는 현대 사회가 직면한 중요한 과제이다. 일회용품 사용 줄이기나 분리배출과 같은 개인의 실천이 강조되는 한편, 산업 구조와 정책 차원의 변화가 더욱 중요하다는 주장도 제기되고 있다.

환경 보호를 위한 개인의 역할과 한계를 설명하시오.
환경 문제 해결에서 정부와 기업 등 사회 구조의 책임을 분석하시오.
지속가능한 환경 보호를 위해 개인과 사회가 어떻게 협력해야 하는지 논하시오.

높은 점수 답안

환경 보호를 개인의 책임으로만 환원하는 관점은 문제의 구조적 원인을 간과할 위험이 있다. 물론 개인의 생활 방식은 자원 소비와 폐기물 발생에 직접적인 영향을 미치며, 환경 보호에 대한 사회적 인식을 형성하는 데 중요한 역할을 한다. 이러한 실천은 환경 문제를 일상적 선택의 문제로 인식하게 만든다는 점에서 의미가 있다.

그러나 기후 변화와 환경 오염의 주요 원인은 산업 구조, 에너지 생산 방식, 대량 생산과 소비 시스템과 같은 구조적 요인과 깊이 연결되어 있다. 개인의 노력만으로 해결하기 어려운 문제이기 때문에 정부의 정책적 개입과 기업의 책임 있는 생산 방식 전환이 필수적이다.

결국 환경 보호는 개인과 사회 중 어느 한쪽의 책임으로 규정될 수 있는 문제가 아니라, 상호 보완적 책임의 영역에 속한다. 개인의 실천이 사회적 변화를 촉진하고, 제도적 변화가 개인의 친환경적 선택을 가능하게 할 때 지속가능한 환경 보호가 실현될 수 있다.

낮은 점수 답안

개인도 노력해야 한다. 환경 보호는 우리 모두의 책임이다. 쓰레기를 줄이고 분리수거를 잘하면 환경을 보호할 수 있다. 기업들도 환경을 생각해야 한다. 그래서 개인과 사회가 함께 노력해야 한다.

☆ **최상위권 답안 구조 템플릿**

Ⅰ. 문제 제기
환경 문제가 중요한 사회적 과제로 떠오른 배경

Ⅱ. 개인의 역할
생활 속 실천
환경 의식 형성
소비 문화 변화 유도

Ⅲ. 개인 실천의 한계
구조적 오염 원인
산업·에너지 시스템 문제

Ⅳ. 사회 구조의 책임
정부 정책과 규제
기업의 생산 방식 변화
친환경 기술 개발

Ⅴ. 협력적 접근의 필요성
개인 실천 → 사회 변화 촉진
제도 변화 → 친환경 선택 가능

Ⅵ. 지속가능한 환경 보호 방향
생활 방식 변화
정책적 지원
책임 있는 소비와 생산

Ⅶ. 결론
환경 보호는 개인의 실천과 사회 구조의 변화가 함께 이루어질 때 가능하다.

문제 13

시험은 학생의 학업 성취도를 평가하고 교육 과정의 이해 수준을 확인하기 위한 도구로 활용되어 왔다. 시험은 객관적 평가 기준을 제공한다는 장점이 있지만, 점수 중심 경쟁을 심화시키고 학생의 다양한 능력을 충분히 반영하지 못한다는 비판도 존재한다.

시험이 교육에서 수행하는 기능을 설명하시오.
시험 중심 평가 방식의 장점과 한계를 분석하시오.
학습의 본질을 살리기 위한 바람직한 평가 방식에 대해 논하시오.

높은 점수 답안

시험은 단순히 점수를 매기기 위한 장치가 아니라 교육 과정이 의도한 학습 목표가 얼마나 달성되었는지를 확인하는 평가 도구이다. 동일한 기준을 적용함으로써 학습 결과를 비교 가능하게 만들고, 이는 교육 기회의 공정성을 확보하는 데 중요한 역할을 한다.

그러나 시험이 교육의 목적이 아니라 수단이라는 점이 간과될 대 문제는 발생한다. 점수 중심의 평가 구조는 학생들을 경쟁의 대상으로만 인식하게 만들고, 학습을 이해와 탐구의 과정이 아닌 결과 중심의 활동으로 축소시킬 수 있다. 특히 창의성, 협력 능력, 문제 해결 능력과 같은 역량은 단일 시험 점수만으로 충분히 평가되기 어렵다.

따라서 시험의 필요성을 부정하기보다는, 시험이 수행하는 공정한 평가 기능을 유지하면서도 다양한 평가 방식을 통해 학습의 과정과 역량을 함께 반영하는 방향으로 평가 체계를 개선할 필요가 있다. 교육의 목적이 점수가 아니라 성장에 있다는 점을 고려할 때, 평가 방식 역시 학습의 본질을 지원하는 방향으로 설계되어야 한다.

낮은 점수 답안

시험은 필요하다. 시험은 학생들을 평가하기 위해 필요하다. 시험이 없으면 공부를 하지 않을 수도 있다. 하지만 시험 때문에 스트레스를 받는 학생들도 많다. 그래서 시험은 줄이는 것이 좋다고 생각한다.

☆ 최상위권 답안 구조 템플릿

Ⅰ. 문제 제기
교육에서 시험이 중요한 이유

Ⅱ. 시험의 기능
학습 성취 확인
교육 과정 점검
공정한 비교 기준 제공

Ⅲ. 시험의 장점
객관성
공정성
학습 동기 유발

Ⅳ. 시험 중심 평가의 한계
점수 경쟁 심화
암기 중심 학습 유도
다양한 역량 평가의 어려움

Ⅴ. 교육의 본질과 평가의 역할
이해 중심 학습
탐구와 사고 능력

Ⅵ. 바람직한 평가 방향
수행 평가
프로젝트 학습
과정 중심 평가

Ⅶ. 결론
시험은 필요하지만, 학습의 본질을 살리는 다양한 평가 방식과 함께 운영되어야 한다.

답안지

현대 사회에서 경제적 풍요는 삶의 질을 결정하는 중요한 요소로 여겨진다. 일정 수준의 소득은 생활 안정과 다양한 선택의 기회를 제공하지만, 물질적 풍요가 반드시 행복으로 이어지는 것은 아니라는 주장도 존재한다.

돈이 개인의 삶에 미치는 영향을 설명하시오.
경제적 풍요와 행복 사이의 관계를 분석하시오.
물질적 조건을 넘어 행복을 형성하는 요소에 대해 논하시오.

높은 점수 답안

돈은 인간의 삶을 안정적으로 유지하는 데 필수적인 자원이지만, 행복의 본질을 설명하는 단일한 기준이 될 수는 없다. 경제적 자원은 기본적인 욕구 충족과 미래에 대한 불안을 완화함으로써 삶의 안정감을 제공한다. 이러한 안정감은 인간이 더 높은 수준의 목표와 삶의 의미를 추구할 수 있는 토대를 마련한다.

그러나 일정 수준 이상의 물질적 풍요가 확보된 이후에는 행복감이 소득 증가에 비례하여 지속적으로 증가하지 않는다는 점도 주목할 필요가 있다. 인간은 비교 속에서 만족감을 형성하는 경향이 있기 때문에 물질적 풍요가 상대적 박탈감이나 경쟁 심리를 유발할 경우 오히려 삶의 만족도를 낮출 수 있다. 또한 의미 있는 관계, 자율성, 그리고 삶의 목적 의식은 장기적인 행복감 형성에 중요한 요소로 작용한다.

결국 돈은 행복을 직접적으로 제공하기보다 행복을 형성할 수 있는 조건을 마련하는 역할을 한다. 물질적 안정 위에서 인간관계, 자아실현, 삶의 의미가 조화를 이룰 때 개인은 보다 지속적인 행복을 경험할 수 있다. 기본적인 삶의 안정은 행복에 중요한 요소이지만, 일정 수준을 넘어선 물질적 풍요는 행복을 보장하지 않는다. 인간관계와 삶의 의미가 더 중요한 요소가 될 수 있다.

낮은 점수 답안

돈이 많으면 행복하다. 그리고 돈이 많으면 행복할 수 있다고 생각한다. 돈이 있으면 하고 싶은 것을 할 수 있고 생활이 편해진다. 하지만 돈이 많아도 행복하지 않은 사람도 있다. 그래서 돈보다 행복이 더 중요하다고 생각한다.

☆ **최상위권 답안 구조 템플릿**

Ⅰ. 문제 제기
현대 사회에서 돈이 중요하게 여겨지는 이유

Ⅱ. 돈이 삶에 미치는 영향
기본 욕구 충족
안정감 형성
선택 기회 확대

Ⅲ. 돈과 행복의 긍정적 관계
경제적 안정 → 심리적 안정
삶의 질 향상

Ⅳ. 돈과 행복의 한계
상대적 박탈감
경쟁과 비교 심리
물질 중심 가치의 문제

Ⅴ. 행복을 형성하는 비물질적 요소
인간관계
자율성과 의미
자아실현

Ⅵ. 균형적 관점
돈은 조건
행복은 삶의 경험과 관계 속에서 형성

Ⅶ. 결론
물질적 안정 위에서 의미와 관계가 조화를 이룰 때 지속적인 행복이 가능하다.

결론: 균형 중요

사회는 다양한 개인이 함께 살아가는 공동체이다. 이러한 공동체가 원활하게 유지되기 위해 법과 제도, 관습과 같은 여러 규칙이 존재한다. 규칙은 질서를 유지하고 안전을 보장하는 역할을 하지만, 때로는 개인의 자유를 제한하는 요소로 인식되기도 한다.

규칙이 사회와 개인에게 필요한 이유를 설명하시오.
규칙이 개인의 자유와 어떤 관계를 맺고 있는지 논하시오.
바람직한 규칙의 조건과 이를 지키기 위한 태도를 제시하시오.

높은 점수 답안

규칙은 흔히 개인의 행동을 제한하는 장치로 이해되지만, 공동체 속에서 살아가는 인간에게 규칙은 자유를 억압하기보다 오히려 자유를 가능하게 하는 조건에 가깝다. 만약 사회 구성원들이 서로의 행동을 예측할 수 없다면 안전과 신뢰는 유지될 수 없으며, 이러한 불확실성 속에서는 개인의 자유 역시 안정적으로 보장되기 어렵다.

규칙은 질서를 유지하는 기능을 넘어, 구성원 간 신뢰를 형성하고 사회적 협력을 가능하게 한다. 법과 제도는 권리 보호의 기준을 제공하고, 사회적 규범은 타인에 대한 존중과 책임 있는 행동을 촉진한다. 이러한 장치들이 존재하기 때문에 우리는 서로를 경계하기보다 협력할 수 있는 환경 속에서 살아갈 수 있다.

그러나 규칙이 정당성을 상실하거나 과도한 통제 수단으로 작동할 경우, 구성원의 자발적 준수는 약화되고 사회적 갈등이 증가할 수 있다. 따라서 바람직한 규칙은 구성원의 합의와 공정성을 바탕으로 형성되어야 하며, 공동의 안전과 자유를 동시에 보장하는 방향으로 운영되어야 한다.

낮은 점수 답안

규칙은 지켜야 한다. 규칙은 질서를 유지하기 위해 필요하다. 규칙이 없으면 사람들이 마음대로 행동해서 사회가 혼란스러워질 것이다. 교통 규칙이 없으면 사고가 많이 발생할 것이다. 그래서 규칙은 반드시 필요하다.

☆ **최상위권 답안 구조 템플릿**

Ⅰ. 문제 제기
공동체에서 규칙이 존재하는 이유

Ⅱ. 규칙의 기본 기능
질서 유지
안전 확보
행동의 예측 가능성 제공

Ⅲ. 규칙과 자유의 관계
규칙은 자유 제한인가
규칙은 자유 보장의 조건인가

Ⅳ. 규칙의 사회적 의미
신뢰 형성
협력 촉진
권리 보호

Ⅴ. 규칙의 한계와 위험
과도한 통제
정당성 상실
자발적 준수 약화

Ⅵ. 바람직한 규칙의 조건
공정성
사회적 합의
신뢰 기반 운영

Ⅶ. 결론
규칙은 통제가 아니라 공동체 속 자유를 가능하게 하는 사회적 약속이다.

답안지

현대 사회는 성취와 성공을 강조하는 경향이 강하다. 이러한 분위기 속에서 실패는 개인의 능력 부족이나 좌절의 경험으로 인식되기도 한다. 그러나 실패를 통해 배우고 성장할 수 있다는 관점도 존재하며, 실패 경험이 개인의 발전 과정에서 중요한 역할을 한다는 주장도 제기된다.

실패 경험이 개인에게 미치는 영향을 설명하시오.
실패가 성장의 계기가 될 수 있는 이유를 분석하시오.
실패를 의미 있는 경험으로 전환하기 위한 태도와 사회적 환경에 대해 논하시오.

높은 점수 답안

실패는 흔히 극복해야 할 부정적 경험으로 인식되지만, 인간의 성장 과정에서 실패를 완전히 배제하는 것은 불가능하다. 오히려 실패는 자신의 한계를 직면하게 하고, 기존의 사고 방식과 행동 방식을 재검토하도록 만든다는 점에서 중요한 학습의 계기가 된다. 성공이 현재의 능력을 확인하는 과정이라면, 실패는 능력의 한계를 인식하고 가능성을 확장하는 과정이라 할 수 있다.

또한 실패 경험은 문제 해결 능력뿐 아니라 정서적 회복력을 형성하는 데 중요한 역할을 한다. 실패를 통해 좌절을 경험하고 이를 극복하는 과정에서 개인은 불확실성과 어려움에 대응하는 힘을 기르게 된다. 그러나 실패가 항상 성장으로 이어지는 것은 아니다. 지나친 경쟁 환경이나 낙인 중심의 사회 분위기는 실패를 재도전의 기회가 아닌 배제의 경험으로 만들 수 있다.

따라서 실패의 가치는 개인의 태도뿐 아니라 실패를 학습의 과정으로 받아들이는 사회적 환경 속에서 더욱 의미 있게 형성된다. 실패를 허용하고 재도전을 지원하는 문화는 개인의 잠재력을 지속적으로 확장시키는 토대가 된다.

낮은 점수 답안

실패하면 다음에 잘할 수 있다. 실패는 성공의 어머니라는 말이 있다. 실패를 하면 더 열심히 노력하게 되고 결국 성공할 수 있다. 실패는 누구나 겪는 것이므로 두려워할 필요가 없다. 따라서 실패는 좋은 경험이라고 생각한다.

☆ 최상위권 답안 구조 템플릿

Ⅰ. 문제 제기
성공 중심 사회에서 실패가 갖는 의미

Ⅱ. 실패 경험의 영향
좌절과 자기 의심
자기 성찰의 계기

Ⅲ. 실패가 성장으로 이어지는 이유
문제 원인 분석
사고 방식 변화
새로운 전략 모색

Ⅳ. 심리적 성장 요소
회복력 형성
도전 지속 능력
자기 효능감 강화

Ⅴ. 실패 경험의 한계
낙인 효과
재도전 기회 부족
경쟁 중심 환경

Ⅵ. 실패를 성장으로 전환하는 조건
성찰과 재도전 태도
실패를 허용하는 문화
학습 중심 평가 환경

Ⅶ. 결론
실패는 좌절이 아니라 가능성을 확장하는 학습 과정이다.

예비고등학생을 위한 수리논술과 인문논술 패턴훈련

문제 17

현대 사회에서는 SNS와 온라인 네트워크의 확산으로 개인이 맺는 인간관계의 범위가 크게 넓어졌다. 많은 사람들과 연결되어 있는 것이 사회적 능력의 척도로 인식되기도 한다. 그러나 관계의 수가 많다고 해서 반드시 깊고 의미 있는 인간관계가 형성되는 것은 아니라는 지적도 있다.

인간관계에서 '관계의 수'가 가지는 의미를 설명하시오.
관계의 양적 확대가 가져오는 긍정적 효과와 한계를 분석하시오.
바람직한 인간관계의 기준은 무엇인지 자신의 견해를 제시하시오.

높은 점수 답안

친구의 수를 인간관계의 질을 판단하는 기준으로 삼는 관점은 관계의 본질을 단순화하는 경향이 있다. 인간은 사회적 존재이기 때문에 다양한 관계 속에서 살아가지만, 모든 관계가 동일한 의미를 지니는 것은 아니다. 넓은 관계망은 정보 교환과 사회적 기회 확대라는 측면에서 유용하지만, 정서적 안정과 자아 형성에는 깊이 있는 관계가 더욱 중요한 역할을 한다.

특히 SNS를 중심으로 관계가 확장되는 현대 사회에서는 '연결됨'이 곧 '관계의 깊이'를 의미하지 않는 경우가 많다. 많은 사람들과 연결되어 있음에도 불구하고 고립감을 느끼는 현상은 관계의 양적 확대가 인간의 정서적 욕구를 충분히 충족시키지 못할 수 있음을 보여 준다.

결국 중요한 것은 얼마나 많은 사람과 연결되어 있는가가 아니라, 서로를 이해하고 신뢰할 수 있는 관계를 얼마나 형성하고 유지하고 있는가이다. 인간관계의 가치는 숫자가 아니라 관계 속에서 형성되는 의미와 경험에 의해 결정된다.

낮은 점수 답안

친구가 많으면 좋다. 친구가 많으면 좋은 인간관계라고 생각한다. 친구가 많으면 외롭지 않고 도움을 받을 수 있다. 또한 다양한 사람을 알게 되어 좋다. 그래서 친구는 많을수록 좋다고 생각한다.

☆ **최상위권 답안 구조 템플릿**

Ⅰ. 문제 제기
현대 사회에서 관계 수가 중요하게 여겨지는 이유

Ⅱ. 관계의 양적 확대 의미
사회적 네트워크 확장
정보와 기회 증가

Ⅲ. 긍정적 효과
사회적 자원 확대
소속감 형성
경험 다양성 증가

Ⅳ. 한계와 문제점
피상적 관계 증가
정서적 고립 가능성
관계 유지 부담

Ⅴ. 관계의 질적 중요성
신뢰와 정서적 지지
자아 형성과 심리 안정

Ⅵ. 현대 사회에서의 관계 의미 변화
연결 중심 사회
깊이 있는 관계의 가치 재조명

Ⅶ. 결론
좋은 인간관계는 숫자가 아니라 신뢰와 이해의 깊이에서 형성된다.

    예비고등학생을 위한 수리논술과 인문논술 패턴훈련

답안지

디지털 기술의 발전은 인간의 의사소통 방식을 크게 변화시켰다. 스마트폰과 SNS의 확산은 시간과 공간의 제약을 줄이며 소통의 속도와 범위를 확대하였다. 그러나 비대면 소통의 증가로 인해 관계의 깊이가 약화되고, 오해와 단절이 심화될 수 있다는 우려도 제기된다.

기술 발전이 인간 소통 방식에 미친 변화를 설명하시오.
기술 기반 소통이 가져온 긍정적 효과와 부정적 영향을 비교·분석하시오.
인간다운 소통을 유지하기 위해 필요한 태도와 방향을 제시하시오.

높은 점수 답안

기술 발전은 인간 소통의 방식을 단순히 편리하게 만든 것이 아니라, 관계 형성의 구조 자체를 변화시키고 있다. 디지털 매체는 물리적 거리의 제약을 제거하며 소통의 범위를 확장시켰지만, 동시에 소통을 빠르고 단편적인 정보 교환의 형태로 재구성하고 있다.

비대면 소통은 효율성과 접근성을 높이는 장점이 있지만, 비언어적 신호와 맥락을 충분히 전달하기 어렵다는 한계를 지닌다. 그 결과 감정의 깊이가 축소되고 관계가 기능적 연결에 머무르는 경향이 나타나기도 한다. 또한 끊임없이 연결된 상태는 개인에게 심리적 피로와 관계 부담을 초래할 수 있다.

따라서 중요한 것은 기술을 통해 연결되는 것 자체가 아니라, 그 연결 속에서 인간다운 이해와 공감을 유지하는 일이다. 기술은 소통을 가능하게 하는 수단일 뿐, 관계의 의미를 만들어 내는 것은 여전히 인간의 태도와 선택에 달려 있다.

낮은 점수 답안

기술이 발전하면서 사람들은 쉽게 소통할 수 있게 되었다. 스마트폰과 SNS 덕분에 언제 어디서나 연락할 수 있다. 하지만 직접 만나서 이야기하는 시간이 줄어들어 관계가 소원해질 수 있다. 따라서 기술을 적절히 사용하는 것이 중요하다.

☆ **최상위권 답안 구조 템플릿**

Ⅰ. 문제 제기
기술 발전이 인간 소통에 미친 변화

Ⅱ. 소통 방식의 변화
시간 · 공간 제약 감소
실시간 연결 사회 형성

Ⅲ. 긍정적 영향
접근성 확대
관계망 확장
정보 공유의 효율성

Ⅳ. 부정적 영향
비언어적 요소 전달 한계
관계의 얕아짐 가능성
심리적 피로와 소통 부담

Ⅴ. 인간 관계의 의미 변화
연결 중심 → 공감 중심 필요성
관계의 질적 중요성 강조

Ⅵ. 바람직한 소통 방향
기술 활용 + 대면 소통 병행
공감과 경청의 태도
관계의 깊이를 유지하려는 노력

Ⅶ. 결론
기술은 소통을 확장하지만, 인간다운 관계를 만드는 것은 인간의 태도이다.

현대 사회는 정치, 기업, 공동체, 학교 등 다양한 영역에서 리더의 역할을 요구하고 있다. 어떤 사람들은 강한 추진력과 결단력을 리더의 핵심 자질로 보며, 다른 사람들은 공감 능력과 소통 능력이 더 중요하다고 주장한다. 또한 변화가 빠른 사회에서는 윤리성, 책임감, 그리고 공동체를 향한 비전 제시 능력이 리더십의 중요한 요소로 강조되고 있다.

효과적인 리더가 갖추어야 할 핵심 자질을 설명하시오.
리더십의 다양한 요소들이 실제 상황에서 어떻게 작용하는지 논하시오.
오늘날 사회가 요구하는 바람직한 리더의 모습을 제시하시오.

높은 점수 답안

리더를 단순히 조직을 통제하고 지시하는 존재로 이해하는 관점은 오늘날의 복잡한 사회 구조를 충분히 설명하지 못한다. 리더십은 권한 행사보다 방향 제시와 의미 부여의 과정에 가깝다. 즉 리더는 구성원들이 공동의 목표를 자신의 목표로 받아들이도록 만드는 역할을 수행한다.

과거 산업사회에서는 효율성과 통제를 중심으로 한 권위적 리더십이 효과적이었다. 그러나 변화와 불확실성이 일상화된 현대 사회에서는 구성원의 자율성과 창의성을 이끌어내는 공감 기반 리더십이 더욱 중요해지고 있다. 동시에 리더의 윤리성과 책임감은 조직에 대한 신뢰를 형성하는 핵심 요소로 작용한다.

결국 오늘날 사회가 요구하는 리더는 강한 추진력과 공감 능력을 균형 있게 갖추고, 공동체의 방향을 제시하며, 신뢰를 바탕으로 구성원의 잠재력을 이끌어 내는 사람이라 할 수 있다.

낮은 점수 답안

리더는 잘 이끌어야 한다. 리더는 사람들을 잘 이끌 수 있어야 한다. 리더는 책임감이 있어야 하고, 결정을 잘 내려야 한다. 또한 부하 직원들을 잘 챙겨야 한다. 좋은 리더가 있으면 조직이 잘 운영된다. 그래서 리더는 책임감과 결단력이 중요하다.

☆ 최상위권 답안 구조 템플릿

Ⅰ. 문제 제기
현대 사회에서 리더십이 중요한 이유

Ⅱ. 리더십 개념 이해
리더: 방향을 제시하는 존재
리더십: 구성원의 참여를 이끄는 과정

Ⅲ. 전통적 리더십 요소
결단력
책임감
추진력

Ⅳ. 현대적 리더십 요소
공감 능력
소통 능력
협력적 의사결정

Ⅴ. 윤리성과 신뢰
도덕성
책임 의식
신뢰 형성

Ⅵ. 사회 변화와 리더십의 전환
권위 중심 → 참여 중심
통제 → 협력
지시 → 동기 부여

Ⅶ. 결론
오늘날 리더는 방향 제시자이자 신뢰 형성자이며, 공동체의 잠재력을 이끄는 존재이다.

답안지

다음은 개인의 성취 요인을 바라보는 서로 다른 관점이다.

어떤 사람들은 성취는 타고난 능력보다 꾸준한 노력과 훈련의 결과라고 본다.

반면 다른 사람들은 선천적 재능과 지능이 성취 수준을 결정하는 핵심 요인이라고 주장한다.

현대 사회에서는 교육 기회, 환경, 사회적 자본 등 다양한 요소가 개인의 성취에 영향을 미친다는 연구도 제시되고 있다.

노력과 재능이 성취에 미치는 영향을 비교·분석하시오.

두 요소의 상호작용을 고려할 때 성취를 결정하는 핵심 요인은 무엇인지 논하시오.

개인의 성장과 사회적 공정성 관점에서 바람직한 인식 방향을 제시하시오

높은 점수 답안

성취를 설명할 때 노력과 재능은 서로 대립하는 요소처럼 여겨지지만, 실제로는 상호 보완적인 관계에 가깝다. 재능은 특정 분야에서 빠르게 성장할 수 있는 잠재적 능력을 의미하며, 노력은 그 가능성을 현실의 성과로 전환시키는 과정이라 할 수 있다.

예를 들어 음악이나 스포츠 분야에서 선천적 감각은 중요한 출발점이 될 수 있지만, 반복적인 훈련과 지속적인 연습 없이는 높은 수준에 도달하기 어렵다. 반대로 재능이 다소 부족하더라도 꾸준한 노력은 일정 수준 이상의 성취를 가능하게 한다.

결국 성취는 재능이 제공하는 가능성과 노력이 만들어 내는 지속성이 결합될 때 극대화된다. 따라서 개인의 성장을 위해서는 노력의 가치를 강조하는 한편, 각자의 재능을 발견하고 발전시킬 수 있는 환경이 마련되어야 한다.

낮은 점수 답안

노력이 재능보다 더 중요하다고 생각한다. 재능이 있어도 노력하지 않으면 성공할 수 없다. 반대로 노력하면 누구나 성공할 수 있다. 성공한 사람들을 보면 열심히 노력해서 성공한 경우가 많다. 그래서 노력은 재능보다 중요하다.

☆ **최상위권 답안 구조 템플릿**

Ⅰ. 문제 제기
성취 요인에 대한 상반된 관점
노력 vs 재능 논쟁의 의미

Ⅱ. 개념 정의
재능: 선천적 잠재 능력
노력: 지속적 훈련과 경험 축적

Ⅲ. 노력과 재능의 역할 비교
재능: 초기 속도와 잠재력
노력: 성취의 지속성과 완성

Ⅳ. 상호작용 분석
재능 × 노력의 결합 효과
분야별 차이

Ⅴ. 사회적 맥락에서의 성취 요인
교육 기회
환경과 자원
사회적 불평등 문제

Ⅵ. 공정성과 성장 관점
노력 담론의 긍정적 기능
재능 담론의 한계
공정한 기회 구조 필요성

Ⅶ. 결론
성취는 재능과 노력의 결합 결과
공정한 환경 조성이 핵심

제4장

최상위권 논술 공식 핵심 정리

최상위권 답안은 '길이'가 아니라 '구조'에서 만들어진다

많은 학생들이 논술을 잘 쓰려면 문장을 길게 써야 한다고 생각합니다. 그러나 실제로 높은 점수를 받는 답안을 보면, 문장이 길어서가 아니라 **생각의 흐름이 또렷하기 때문**입니다. 읽는 사람은 글쓴이가 무엇을 말하려 하는지, 왜 그렇게 생각하는지, 그리고 그 생각이 얼마나 균형 잡혀 있는지를 보고 점수를 매깁니다.

그래서 우리는 글을 쓰기 전에 한 가지 질문을 던져 볼 필요가 있습니다.

"이 글의 흐름이 보이는가?"

논술에서 가장 강력한 답안은 복잡한 표현이 아니라, 다음과 같은 자연스러운 흐름을 가지고 있습니다.

먼저 자신의 입장을 분명히 밝히고, 그 이유를 설명합니다.

그다음 구체적인 상황이나 예를 통해 생각을 현실과 연결합니다.

그리고 반대 관점이나 한계를 짚어 균형을 보여 준 뒤,

마지막으로 정리하며 방향을 제시합니다.

이 흐름만 갖추어도 글은 놀랄 만큼 단단해집니다.

이렇게 시작해 보자 — 먼저 입장을 분명히 말하기

글을 시작할 때는 장황한 설명보다 자신의 생각을 분명히 밝히는 것이 좋습니다. 독자는 첫 문장에서 글의 방향을 파악하고 싶어 하기 때문입니다.

예를 들어 이렇게 시작해 볼 수 있습니다.

- 스마트폰 사용 제한은 학습 환경 개선에 도움이 될 수 있다고 생각한다.
- 경쟁은 개인의 성장에 긍정적인 영향을 미친다고 볼 수 있다.
- 독서는 사고력을 확장하는 중요한 활동이다.

이처럼 간결하게 입장을 제시하면 글의 중심이 바로 세워집니다.

왜 그렇게 생각하는지 차분히 설명해 보자

입장을 밝혔다면 다음으로 필요한 것은 이유입니다. 논술에서 점수가 갈리는 지점은 바로 여기입니다. 단순한 의견이 아니라, "왜 그런지"를 설명하는 순간 글은 설득력을 갖기 시작합니다.

이때 거창한 표현을 찾기보다, 자연스럽게 이유를 풀어 쓰면 됩니다.

- 그 이유는 수업 중 알림이나 메시지가 집중력을 방해할 수 있기 때문이다.
- 이는 개인의 노력 수준을 높이는 동기로 작용하기 때문이다.
- 책을 읽는 과정에서 다양한 관점을 접할 수 있기 때문이다.

이처럼 이유를 분명히 제시하면 글은 독자를 납득시키기 시작합니다.

생각을 현실과 연결해 보자 — 예시는 글을 살아 움직이게 한다

논술이 어렵게 느껴지는 이유 중 하나는 생각이 추상적으로 머물러 있기 때문입니다. 이때 구체적인 사례를 덧붙이면 글이 훨씬 생생해집니다.

예를 들어 이렇게 이어 갈 수 있습니다.
- 실제로 스마트폰 알림으로 인해 학습 흐름이 끊어지는 경험을 많은 학생들이 하고 있다.
- 학교생활에서도 경쟁을 통해 더 나은 결과를 위해 노력하는 모습을 쉽게 볼 수 있다.
- 독서를 통해 새로운 생각을 접하며 사고의 폭이 넓어지는 경험은 누구나 한 번쯤 해 보았을 것이다.

예시는 거창할 필요가 없습니다. 일상 속 경험이면 충분합니다. 중요한 것은 독자가 고개를 끄덕일 수 있도록 만드는 것입니다.

한 걸음 물러서 보자 — 반대 관점을 살펴보는 여유

여기서 멈추면 글은 아직 '한쪽 이야기'에 머물게 됩니다. 최상위권 답안은 여기서 한 번 더 생각을 확장합니다. 반대 관점이나 한계를 함께 짚어 주는 순간, 글쓴이의 사고 깊이가 드러나기 때문입니다.
- 물론 스마트폰은 학습 자료 검색 등 교육 도구로 활용될 수 있다.
- 그러나 경쟁이 지나치게 심화될 경우 스트레스 증가라는 부작용이 나타날 수 있다.
- 한편 독서만으로 모든 지식을 습득할 수 있는 것은 아니다.

이처럼 다른 관점을 인정하는 태도는 글을 더욱 성숙하게 만듭니다.

이제 정리해 보자 — 결론은 생각을 완성하는 문장이다

마지막으로 글을 정리하며 방향을 제시해 봅시다. 결론은 앞에서 말한 내용을 반복하는 것이 아니라, 그 의미를 정리하고 앞으로의 방향을 제시하는 문장입니다.
- 따라서 전면적인 금지보다는 균형 있는 사용 규칙이 필요하다.
- 결국 경쟁이 긍정적인 역할을 하기 위해서는 공정한 환경이 중요하다.

- 이러한 점에서 독서는 평생 학습의 기초가 된다고 볼 수 있다.

결론이 명확해지는 순간, 글은 완성됩니다.

논술은 글쓰기가 아니라 생각을 정리하는 과정이다

많은 학생들이 "글을 잘 써야 한다"고 생각합니다. 그러나 실제로는 글솜씨보다 생각의 흐름이 더 중요합니다. 이유를 설명하고, 사례를 떠올리고, 다른 관점을 생각해 보고, 마지막으로 의미를 정리하는 과정 자체가 바로 사고력 훈련이기 때문입니다.

그래서 이렇게 해 보면 좋겠습니다. 글을 다 쓴 뒤 스스로에게 물어보는 것입니다.

- 나는 내 입장을 분명히 밝혔는가.
- 왜 그렇게 생각하는지 설명했는가.
- 구체적인 예를 제시했는가.
- 다른 관점도 생각해 보았는가.
- 마지막으로 생각을 정리했는가.

이 질문에 모두 답할 수 있다면, 이미 상위권 답안에 가까워진 것입니다.

논술은 특별한 재능이 필요한 영역이 아닙니다. 생각을 차분히 정리하는 습관이 쌓일수록 글은 자연스럽게 좋아집니다. 그리고 그 변화는 어느 날 갑자기가 아니라, 이렇게 한 문장씩 다듬어 가는 과정 속에서 이루어집니다.

조금 천천히 써도 괜찮습니다. 대신 한 줄 한 줄에 자신의 생각을 담아 보세요. 그러다 보면 어느 순간, 글이 스스로 또렷해지는 경험을 하게 될 것입니다.

논술 실력은 하루아침에 완성되지 않습니다. 그러나 생각을 정리하는 습관은 의외로 짧은 시간 안에도 변화를 보여 줍니다. 이 4주 과정은 글을 잘 쓰기 위한 훈련이 아니라, 스스로 생각을 꺼내고 정리하는 힘을 기르는 과정입니다.

처음에는 어색하게 느껴질 수 있습니다. 하지만 매일 짧은 시간을 투자해 생각을 적어 보고, 이유를 설명하고, 다른 관점을 떠올려 보는 경험이 쌓이면 글은 자연스럽게 또렷해집니다.

속도를 내기보다, 한 걸음씩 천천히 걸어가 보세요.

첫 번째 주 — 생각을 꺼내는 시간

많은 학생들이 글을 어려워하는 이유는 생각이 없어서가 아니라, 생각을 꺼내는 데 익숙하지 않기 때문입니다. 그래서 첫 주에는 잘 쓰려 애쓰기보다, 자신의 생각을 밖으로 꺼내는 연습에 집중해 보려 합니다.

하루에 한 번, 짧은 질문을 스스로에게 던져 보세요.

- 스마트폰 사용 시간은 줄여야 할까.
- 친구 관계에서 가장 중요한 것은 무엇일까.
- 경쟁은 우리에게 도움이 될까.

길게 쓰지 않아도 괜찮습니다. 한 문단이면 충분합니다. 맞춤법이나 표현보다 중요한 것은 생각을 꺼내는 경험입니다.

글을 다 쓴 뒤에는 잠시 멈추어 이렇게 물어보세요.

- 나는 왜 그렇게 생각했을까.
- 다른 사람은 다르게 생각할 수도 있을까.

이 질문은 생각의 문을 조금 더 넓혀 줍니다.

그리고 가능하다면 자신이 쓴 내용을 누군가에게 1분 정도 설명해 보세요. 말로 설명하는 순간, 생각이 정리되는 경험을 하게 됩니다.

두 번째 주 — 이유를 말하는 연습

이제 한 걸음 더 나아가 볼 차례입니다. 논술에서 점수가 갈리는 지점은 생각이 아니라 이유입니다. 무엇을 생각하는지보다, 왜 그렇게 생각하는지가 더 중요합니다.

먼저 자신의 생각을 한 문장으로 써 보세요.

그다음 그 문장 뒤에 이유를 덧붙여 봅니다.

- 스마트폰 사용 제한이 필요하다고 생각한다.

  → 수업 집중력을 방해할 수 있기 때문이다.

- 경쟁은 필요하다고 본다.

  → 노력의 동기를 제공하기 때문이다.

이처럼 이유를 한 문장 덧붙이는 것만으로도 글은 훨씬 설득력을 갖게 됩니다.

조금 익숙해졌다면 이유를 두 가지로 늘려 보세요. 하나의 생각을 여러 방향에서 바라보는 연습은 사고를 한층 더 단단하게 만듭니다.

그리고 가족이나 친구와 이야기할 기회가 생기면 이렇게 물어보세요.

"왜 그렇게 생각해?"

서로의 이유를 듣는 경험은 가장 좋은 논리 훈련이 됩니다.

세 번째 주 — 생각을 현실과 연결하기

이제 글을 조금 더 살아 움직이게 만들어 보겠습니다. 생각이 추상적인 상태에 머물러 있으면 글은 쉽게 설득력을 잃습니다. 이때 구체적인 경험이나 사례를 떠올리면 글이 훨씬 생생해집니다.

예를 들어 이렇게 이어 갈 수 있습니다.

- 스마트폰 사용이 집중력을 떨어뜨릴 수 있다.
- 실제로 알림이 울리면 공부 흐름이 끊기는 경험을 쉽게 할 수 있다.

예시는 거창할 필요가 없습니다. 일상 속 경험이면 충분합니다. 중요한 것은 독자가 고개를 끄덕일 수 있도록 만드는 것입니다.

여기에 한 걸음 더 나아가, 자신의 생각과 다른 관점도 떠올려 보세요.

- 하지만 스마트폰은 학습 자료 검색 등 교육 도구로 활용될 수도 있다.

이처럼 반대 관점을 인정하는 순간, 글은 훨씬 성숙해 보입니다. 생각이 한쪽으로 기울지 않고 균형을 갖추기 시작하기 때문입니다.

가능하다면 가족이나 친구와 한 가지 주제를 두고 이야기를 나누어 보세요. 서로 다른 생각을 듣는 경험은 사고의 폭을 넓혀 줍니다.

네 번째 주 — 생각을 하나의 글로 완성하기

이제 그동안 연습한 내용을 하나의 흐름으로 연결해 볼 시간입니다. 글을 쓰기 전에 마음속으로 다음 순서를 떠올려 보세요.

- 먼저 자신의 생각을 말합니다.
- 왜 그렇게 생각하는지 설명합니다.
- 구체적인 예를 덧붙입니다.
- 다른 관점이나 한계를 짚어 봅니다.
- 마지막으로 생각을 정리합니다.

이 흐름을 따라 글을 쓰면 생각이 자연스럽게 이어집니다.

글을 다 쓴 뒤에는 소리 내어 읽어 보세요. 읽으면서 문장이 어색하게 느껴지는 부분이 있다면, 그곳이 바로 다듬을 지점입니다.

그리고 첫 주에 썼던 글을 다시 꺼내어 비교해 보세요. 생각이 훨씬 또렷해졌음을 스스로 느끼게 될 것입니다. 그 순간, 자신감이 생기기 시작합니다.

4주가 지나면 보이기 시작하는 변화

이 과정을 성실히 따라온 학생들은 대개 비슷한 변화를 경험합니다. 자신의 생각을 말로 표현하는 일이 더 이상 부담스럽지 않게 되고, 이유를 설명하는 습관이 생깁니다. 글을 쓸 때 어디서부터 시작해야 할지 막막함이 줄어들고, 토론이나 발표 상황에서도 자신감이 높아집니다.

무엇보다 중요한 변화는, 스스로 생각하는 힘이 자라기 시작한다는 점입니다.

함께 읽는 부모님께

아이의 글을 평가하기보다, "왜 그렇게 생각했니?"라고 질문해 보세요. 정답을 알려 주기보다 생각을 설명하도록 도와주는 것이 훨씬 큰 도움이 됩니다. 사고력은 설명하는 과정에서 자랍니다.

천천히, 그러나 멈추지 않기

처음에는 문장이 어색할 수 있습니다. 하지만 생각을 정리하는 습관이 쌓이면 표현은 자연스럽게 따라옵니다.

조금 느려도 괜찮습니다. 중요한 것은 멈추지 않는 것입니다.

논술은 시험을 위한 기술이 아니라, 평생을 살아가는 데 필요한 사고의 힘입니다. 이 4주가 그 변화를 시작하는 시간이 되기를 바랍니다.

예비고등학생을 위한

수리논술과 인문논술
패턴훈련

ⓒ 문지효, 2026

초판 1쇄 발행 2026년 4월 8일

지은이　문지효
펴낸이　이기봉
편집　좋은땅 편집팀
펴낸곳　도서출판 좋은땅
주소　서울특별시 마포구 양화로12길 26 지월드빌딩 (서교동 395-7)
전화　02)374-8616~7
팩스　02)374-8614
이메일　gworldbook@naver.com
홈페이지　www.g-world.co.kr

ISBN　979-11-388-5885-4 (53710)